许历农_的大是大非

纪 欣◎著

九州出版社 JIUZHOUPRESS | 全国百佳图书出版单位

图书在版编目（CIP）数据

许历农的大是大非 / 纪欣著. -- 北京 ： 九州出版
社，2019.9
ISBN 978-7-5108-8333-0

Ⅰ. ①许… Ⅱ. ①纪… Ⅲ. ①许历农－评传 Ⅳ.
①K827=7

中国版本图书馆CIP数据核字(2019)第212059号

许历农的大是大非

作　　者	纪　欣　著
责任编辑	郝军启
出版发行	九州出版社
地　　址	北京市西城区阜外大街甲 35 号（100037）
发行电话	(010)68992190/3/5/6
网　　址	www.jiuzhoupress.com
电子信箱	jiuzhou@jiuzhoupress.com
印　　刷	三河市九洲财鑫印刷有限公司
开　　本	880 毫米 ×1230 毫米　32 开
印　　张	9.375
字　　数	160 千字
版　　次	2019 年 10 月第 1 版
印　　次	2019 年 10 月第 1 次印刷
书　　号	ISBN 978-7-5108-8333-0
定　　价	45.00 元

20 世纪 90 年代初期许历农与小女儿许幼梅、女婿张乃健及外孙女在纽约合影

1992 年 5 月 15 日许历农夫妇送许幼梅及夫婿上飞机。

1996 年 7 月 21 日许历农（中）率领新党代表拜会台湾"考试院"，由邱创焕（右）出面接待

2005 年 5 月 7 日在美国华府演讲时和连战合照

2005年5月7日在美国华府演讲时和与会者合照

2006 年 7 月 29 日在海峡两岸炎帝神农文化论坛开幕式上致辞

2010 年 5 月 10 日第一届中山黄埔两岸情论坛出席人员合影

2016 年 11 月 10 日第七届中山黄埔论坛在北京中山堂召开

2016 年 11 月 11 日许历农在北京孙中山 150 周年诞辰纪念大会上与出席会议者合影

2017 年 8 月 23 日许历农出席新党 24 周年党庆并上台致辞

2018 年 3 月 28 日钱复及新党代表为许历农祝寿

"国统会"会后集体合影

雖千萬人吾往矣

許歷農文稿集

紀欣 編

《许历农文稿集》封面

许历农

与外孙在武汉合影

与许琦燕合影

许历农与本书作者合影

作者序

二三十年前就有不少人及出版社找过许历农，表示要帮他撰写、出版回忆录，但他总是礼貌但坚定地婉拒了。

许历农告诉我，在关键的时候挺身而出，是为了对得起自己的良知，历史自有公断，他既不想多做解释，更不想批评人，所以不愿出回忆录。但我则认为，他的超凡勇气、爱国情操、独到见解，应该被记录下来，好让海峡两岸的中国人及全球的华侨华人知道，在台湾，有像许历农这样不随波逐流、趋炎附势、坚守大是大非的中国人，而且靠着他长期的坚定毅力、努力不懈，两岸和平统一已逐渐成为台湾社会的主流民意。

2007 年春天，在我锲而不舍的恳求下，许历农交给我一口老旧皮箱，里面尽是他在 1993 年至 2007 年间的演讲稿、发言稿及文章剪报。我如获至宝，亲自把一篇篇泛黄的手稿打成电子档，依文稿发表的时间、地点及性质分门别类，又邀请了几位与许历农共同奋斗过的伙伴撰文，于 2007 年在台湾出版了《许历农文稿集》。该书简体字版于 2009 年由华艺出版社在北京出版。

作为《许历农文稿集》的编者，我认为它虽不是一本回忆录，却真实记录了许历农于 1993 年发表《大是大非——我的痛苦抉择与崭新选择》，退出李登辉掌控的中国国民党的心路历程以及之后他为反"独"促统大业四处奔走所做的努力，对于后人了解那一段历史应有所助益。当时没料到的是，在 2007 年以后，许历农竟以90 岁的高龄，在促进两岸和平统一的志业上再攀高峰。

2010 年，许历农发起创办了"中山黄埔两岸情"论坛，促成两岸黄埔子弟交流，至今已在两岸暨香港举办过八次大型会议。他又召集了近 20 个民间政治性团体及政党，于 2012 年 3 月组成促进和平统一政治团体联合会议，以共商国是、召开记者会、发表联合声明的方式，建议甫连任的马英九及早拨乱反正，矫正历史教科书中的错误史观，重启"国统会""国统纲领"的运作与施行，协商签署两岸和平协议。在 2016 年蔡英文上台后，联合会议也发表声明呼吁民进党当局正视两岸现实，接受"九二共识"，改善两岸关系。

过去几年，我为《观察》杂志曾多次就不同议题采访许历农。例如 2015 年抗战胜利 70 周年，我请他回忆早年的军旅生活，并分析中国何以赢得抗日战争。又例如 2017 年开放大陆探亲届满 30 周年，我请他回忆在担任"退辅会主委"时，协助老兵返乡探亲的过程。

　　在许历农很有耐心地回答了一个接一个问题后，我又忍不住跟他重提撰写回忆录之事。他仍坚持不肯，说年纪大了，很多事记不得了。但他给了我最近几年写过的文章及发言稿，我也开始较有系统地请他回忆在不同时期担任不同职务的往事，并在他的同意下，访问了几位跟过他的部属。

　　然而，访谈进行得很缓慢，尤其过去一年多，我愈来愈不忍心一再打扰近百岁的许历农，要求他长时间坐着回答我的问题，因此几度打消出版念头。但每想到，我应该是拥有许历农最多口述历史、文稿的人，就自责不已，也终于痛下决心，开始积极整理手上的资料。就这样，这本不以回忆录为名的回忆过往，在许历农百岁生日后逐渐成形。

　　为使读者清楚认识许历农对两岸关系、台湾前途的观点，本书"附录一"挑选了几篇他在 2010 年以后发表的文章及发言稿。其中，《我为什么以前"反共"，现在"促统"？》写于 2011 年，却因未能在报纸刊出，读者不多，一直到 2017 年"九三军人节"前夕，许历农把该文大部分内容放在自己的脸书上，造成极大轰动，并引来不少谩骂，他不得不在几天后加写一篇《99 岁高龄老人不得不再说几句话》，再度放在脸书上。

　　据我 20 多年来的观察，许历农心中有一把尺，特别是针对他认为"大是大非"的事，他始终坚持并确实做到了"是就是是，非就是非""做人必须坚守原则，有所为，有所不为""跟着道理走""虽千万人吾往矣！"希望这本书的出版，能让更多读者知道、认同许历农心目中的"大是大非"。

近年来，许历农常说"余生唯一愿望，就是希望早日看到国家统一"。对一位百岁的长者而言，这个愿望显得特别殷切。我诚挚地希望借着这本小书的出版，让许历农找到更多同志，共同为实现他的理想继续奋斗。

纪欣
写于 2019 年 2 月 25 日台北

目录

第十三章　家庭及晚年生活

附录一

附录二

第一章　早年从军

1937 年从军参加抗日战争

　　许历农曾以"十六从军征，六十始得回。捐躯赴国难，视死忽如归"形容他的军旅生活。

　　许历农是在 1937 年七七卢沟桥事变之后从军的。蒋中正在"庐山讲话"中说："国家至上、民族至上、军事第一、胜利第一、意志集中、力量集中"，"地不分东西南北、人无分男女老幼，皆有守土抗战之责任，皆应抱定牺牲一切的决心，纵使战至一枪一兵，中国也绝不停止抗战"，激发了全国青年热血沸腾，许历农响应号召，怀着满腔热血，毅然从军。

　　许历农认为，抗战应该从日军 1931 年入侵东北，发动九一八事变开始算起。1925 年日本首相田中义一给日本天皇的奏折说"如欲征服世界，必先征服支那；欲征服支那，必先征服满蒙"。虽然日本人不承认有"田中奏折"，但日本侵略中国就是按照"田中奏折"的步骤，一步一步进行的。

　　许历农从军时，陆军官校为因应前线初级干部伤亡补充的需求，在各战区都设有分校，在校时间也减缩为一年半。他投考的是设立在第三战区的第三分校，校址在赣南瑞金，设备相当简陋，在校期间只学习了初级军官的基本战术、战斗技能，但确实养成了军人刻苦耐劳、冒险犯难、绝对服从命令的习性。许历农 1939 年夏季入学，1940 年底就自军校第 16 期毕业分发了。

许历农毕业后，被分发至陆军第 25 军（军辖 40 师、52 师、108 师三个师）。军部和 108 师都是由东北军编成的，作风保守，资深军官多半是东北讲武堂毕业的，在他们之前很少有黄埔学生，因此对黄埔毕业学生相当排斥。许历农说："幸好我被留在军部参谋处，那里作风比较文明，受到的影响较少。"

许历农分发时，驻地在浙江宁县山门洞，浙赣战役时调驻江西南城，在此期间，他担任军参谋处参谋、军工兵营排连长，先后参加过皖南战役、浙赣战役。所谓浙赣战役是指沿着浙江到江西的一条铁路对日军作战。

1944 年夏季，在"一寸山河一寸血，十万青年十万军"的号召下，"知识青年远征军 201 至 209 师"成立，许历农奉调青年军编练总监部东南分部，接受青年军的干部训练，结训后派至江西黎川青年军 208 师工兵营，担任第二连连长职务，直到 1945 年抗战胜利。

终生难忘抗日岁月

抗战胜利时，许历农在江西临川。他记得听到消息已是 8 月 15 日的傍晚了，大家都非常兴奋，有人把部队里的运动器材当作烟火来烧，狂欢了一夜，大家都没睡觉。

　　许历农虽没有在战场上跟日本人拼过刺刀，但军校毕业时，每个人都发有一把配（短）剑，剑柄上刻有"成功成仁　校长蒋中正赠"字样。他说："我心中明白，身为军人就必须抱着幸生不生、必死不死的信念，早年军人均有此种修养，因为打仗顶多就是死。只要存乎此心，就能冷静看待危险，枪林弹雨亦无所惧。"

　　抗战期间有许多令许历农难忘的记忆，其中一件令他特别难过的事发生在他毕业的那一天。他们一批毕业生搭火车，从江西出发，沿浙赣线东行前往被分发的地区，还未到金华，就遇上空袭警报，由于火车头是重要设备，驾驶员把火车头开走，将车厢留在原地。有同学认为车厢里比较安全，就留在车厢内，许历农和一些人则前往附近山坡掩蔽。飞机第一波开始扫射时，有人从车厢跑出来，躲在车厢底下，想逃过一劫，没想到飞机接着展开第二波轰炸，车厢就在他们面前被炸塌下来，牺牲了很多同学。许历农说到这一段往事，总会加上"真是出师未捷身先死，长使英雄泪满襟！"

　　对许历农个人而言，这场战争可以说改变了他的一生。他常说"现在年轻人很难想象我们当时的心境，面对国家危亡，日军奸淫烧杀掳掠，我们心里会产生一股立即冲向战场，与鬼子拼了的冲动。"他就是这样投笔从戎进了军校，没想到竟成了他的终身事业。午夜梦回，他常想："如果不是当年从军，今天的我会是怎样？我会实现我儿时的愿望吗？"

就国家民族而言，如果没有抗日战争，中国这部历史怎么个写法，任谁都无法想象。也许冥冥之中，这就是中国的命运。

对日抗战胜利的原因

抗日战争时，许历农年纪很轻，官阶很低，知道的仅止于战术和战斗阶层，对整个战局的了解有限，不过，根据他抗战将近五年的观察与体验，他认为日本战败最主要的因素不外以下几点：

（1）中国实行长期抗战；胜也好，败也好，就是不与日本谈和，这使日军长期掉入中国战场的泥沼中，补给艰难、进退维谷。

（2）日本长期出兵海外，师老兵疲，物资缺乏，不得不进兵东南亚诸国去搜括物资，以致兵力分散，腹背受敌，难以应付。

（3）日军惨无人道，所到之处无不烧杀奸淫掳掠，与中国人结下不共戴天的血海深仇，全民一致抗日。

（4）最主要也是最根本的原因是，日本政府充满了军国主义与帝国主义思想。军国主义是把军事问题、军事价值置于政治、经济、文化、教育之上，作为最优先考量与行动指标。帝国主义则是军国主义的实践。国家在军国主义的指导下，必然有侵略思想及霸权思想，也必然造成兵凶战危，最后没有不失败的。

对日抗战还没有结束

许历农认为，抗日战争并没有结束，台湾是西太平洋的战略要地，也掌握了日本人生活、战略物资的海上航道。日本战败后虽依据《开罗宣言》和《波茨坦公告》，将台湾等地归回给中国，但始终心有不甘，一直联络、培养"台独"人士，并从事分化破坏的工作，推动台湾"独立"，两岸中国人不得不防。

许历农进一步解释，尤其近年来，日本军国主义死灰复燃、蠢蠢欲动，安倍内阁更改战后和平宪法的解释，自行解除扩充军备、海外出兵的限制，又把台湾纳入与美安保条约的周边事态范围，种种迹象都显示抗日战争还没有结束："我们必须提高警惕，不能让中华民族再受到外人的欺凌屈辱。"

另外，他认为，美国的态度至关重要。他说，1935年德国希特勒撕毁《凡尔赛和约》，恢复征兵、重建海空军及装甲部队，当时英、法袖手旁观，梦想德军壮大，可牵制苏联共产主义扩张，结果导致德军肆意再次发动侵略，1938 年后相继吞并奥地利、捷克、波兰，引起第二次世界大战，造成人类浩劫。如今美国亦存着当年英、法的心态，寄望日军强大，作为围堵中国的尖兵、前哨。而日本不像德国在战败后反省道歉，反而在美国的暗助下执迷不悟。抚今思昔，隐约看到历史正在重演，许历农为此感到忧心。

许历农在多次演讲和文章中，比较了德国和日本战后的表现。他说，德国在战后愿意反省屠杀犹太人的历史，而日本一再掩饰日军残暴的事实，甚至对国人加以隐瞒，显示日本的民族性与德国人不同，此外，参拜靖国神社也意味着日本未能摆脱军国主义的思想。

他认为，从今天的台海局势来看，美国人似乎已经忘了日本人偷袭珍珠港的惨痛，日本人似乎也忘了美国投下原子弹的悲惨，积极从事军事勾结，让人很难不联想到当年德、日轴心国的狰狞面目。就全球战略而言，如果以军国主义的观点来看，列强很难忽视台湾的战略价值与战略地位。

台湾是围堵大陆东海岸的西太平"链岛防线"的中心环节，也是控制台湾海峡、巴士海峡，战略物资及民生物资运输航道的战略要点。所谓的"链岛防线"，是从阿留申群岛、日本、冲绳、台湾岛一直延伸到菲律宾。美国与日本都想控制台湾，控制台湾就能控制西太平洋的战略优势，而台湾高层也想与美、日勾结，所以不敢得罪美国人或日本人，台湾与日本的关系也因此暧昧不明。

许历农经常引用美国海军战略家马汉在《海军战略论》书中强调的"基地"的"中央位置"与"内线作战"，他说对大陆而言，台湾充分具备上述要件，因此，谁能结合台湾内部"台独"势力，掌控台湾，谁就能掌控西太平洋的战略优势。

2015年10月26日，"退辅会"在台北举办《不朽的战魂——纪念抗战胜利暨台湾光复70周年专辑》新书发表会，许历农致辞时指出，"对日抗战还没有结束"，指控日本培养"台独"人士分化台湾，呼吁大家要积极努力挽救中华民族。

许历农指出，抗日战争并没有结束，因为国民党到台湾后这里也是西太平洋战略要地，掌握日本人生活、战略物资的海上航道。而日本侵略失败后，虽然依据《开罗宣言》和《波茨坦公告》的规定，将台湾等地归回给中国，但始终心有不甘，一直联络培养"台独"人士，从事分化破坏的工作，推动台湾"独立"。

"那些'台独'人士，我就不说了，大家心里都有数"，许历农表示，日本更配合，把台湾纳入"安保条约"的周边事态范围，再加上年初安倍晋三修改战后的和平宪法，扩充军备限制，种种迹象都让他认为抗日战争还没有结束，盼大家共同努力挽救中华民族。

美国在抗战期间及战后扮演的角色

许历农承认，美国在抗战期间与中国军队并肩作战，确实提供了不少奥援，战后也曾试图调停国共内战，中美关系显然对中国近代史发展有不小的影响。

但美国现在因为"反恐战争"无法分身的局面下，不得不采取模糊战略，默许"台独"主张"台湾是一个主权独立的国家"，但不能有宣布"独立"的实质行动；同时，承认世界上只有一个中国，台湾是中国的一部分，但大陆不得以武力完成统一。

许历农认为，在这样微妙的制衡下，台湾当局一方面争取美国的军事合作，获得美国的军售，另一方面，努力充实"独立建国"的实质内涵，包括修改旅行证件、"公投制宪"、"正名运动"、争取加入国际组织以及采取诸多"去中国化"的措施。美、日则一方面加强与台湾的军事合作，另一方面又告诉大陆不支持"台独"，不支持任何一方改变现况。

许历农经常说："恕我大胆直言，这样苟安一时的安排，实际上已经埋下了第三次世界大战的火种，把人类推向战争的危险边缘及存亡关口。"因此，多年来，

他一再郑重呼吁台湾执政当局，认真为台湾 2300 万名
同胞的身家性命着想，解除美日的枷锁，摆脱这即将面
临的人间浩劫！

第二章　来台后军旅生涯

随军队来台

1949 年，国民党军撤退时，许历农先到了舟山群岛，是作战科科长，11 月初，解放军想占领舟山岛，与国民党军在登步岛激战了三天，该战役被称为"登步岛之战"。

1950 年，许历农从高雄登陆台湾，还是担任作战科科长。部队先在彰化、鹿港一带驻守，主要工作是建碉堡及防御工事、规划"反攻大陆"的作战计划，他感觉蒋介石当时很积极地想要"反攻大陆"，所以很努力地做各种必要的规划。

与金门结缘

1958 年许历农在金门当上校团长时，碰到金门炮战，之后他多次被派驻金门，先后担任过副师长、师长，1981 年 11 月 29 日出任金门防卫司令部司令官。一直到 1983 年 5 月 16 日被任命为"国防部总政治作战部主任"后，他才没有再被派驻金门。

金门炮战期间，许历农担任金东师上校团长，驻地在金东鹊山，正是炮战期间大金门落弹最多之地。他冒着猛烈炮火，完成蚵壳墩八英寸大炮阵地工程，当时被称为"厥功甚伟"。

　　有一次，许历农在碉堡指挥所打电话，一颗炮弹打穿外围工事，弹头穿进内室却未爆。他研究后发现未爆原因是延迟信管失效。又有一次巡视任务结束，他前脚才踏进坑道，座车就被炸毁，真是生死一瞬间。但不论如何危险，他从不间断地到不同据点去视察部队，让全团 2535 位官兵知道他跟他们在一起。许历农说"这是鼓舞士气最有效的方法。"

　　另外，他要求戍守外岛的官兵遵守军纪，特别要大家想想，家人信函中最重要的叮咛是什么，并将其转化为不喝酒、不闹事等"妈妈的话"，要官兵们"不动肝火、不出恶言、不起邪念、不伤和气、不变原则"。

　　在金门炮战期间，蒋经国数度冒着漫天炮弹，到金门提振官兵士气，让所有官兵留下深刻印象。

　　1962 年或 1963 年，许历农在金门北碇岛对蒋中正简报，报告哪些地方有哪些设备，每一个岛的地形地势，蒋中正听了很满意，回台后叫海军陆战队司令于豪章、张国英去金门，许历农又跟他们做了一次简报。

　　许历农说："于豪章、张国英是蒋公心目中反攻大陆的先锋部队，后来因形势有变，'反攻'的计划始终未能实现。"

　　1981 年 11 月，许历农升上将，然后出任金门防卫司令部司令官。金门司令官通常都是中将，他是第一个上将司令官。之所以如此，许历农说是因为"当时我年纪比较大，若不升上将，就要退役了"。

根据《大漠男儿——武士嵩回忆录》，许历农在担任金门司令官那一年多里，时任金门政战主任的武士嵩在各地筹划设立了 12 个文康中心，并邀请了李奇茂等 14 位知名书画家前往金门参访，为各地文康中心注入了优美的中华文化，也让战地增添了不少文化气息。之后，金门又建立了"中山林娱乐中心"，让金门住民及驻军有了较多的娱乐场地。此外，许历农促成了由溪边到沙美的水泥路，命名为"济光路"，也开始筹划兴建"古宁头战史馆"及田墩海堤，该两项工程皆在继任者宋心濂司令官任内完成。

许历农本以为会在金门待到退役，没想到一年半后，也就是 1983 年，就被蒋经国叫回台湾，接任"国防部总政治作战部主任"。

任政战学校校长期间被称"许老爹"

许历农记得，1975 年有两个军长的位子出缺，一个是政战学校校长，一个是金门防卫副司令官，当时报给蒋经国的有他和蒋仲苓二人，结果蒋经国选了他去接政战学校校长，蒋仲苓接了金门副司令官。

从官运上看，蒋仲苓发展得很顺，在担任金门副司令官几年后，直接接了金门司令官，后来又接了"陆军总司令"的位子。而许历农在政战学校当了两年校长后，又做了陆军官校校长，再接六军团司令，等蒋仲苓升任"陆军总司令"时，他才去接金门司令官。不过，由于他留在台北，有很多机会近距离接触蒋经国，从他身上学习了很多。

蒋中正在 1949 年国共内战失利，退守台湾后，提出"三分军事，七分政治"论述，委派蒋经国创立政工干部学校。

1950 年成立"政治干部训练班"，1951 年 7 月 15 日"政工干部学校"正式成立，校址设在日据时代的北投竞马场。11 月 1 日，政工干部学校第一期学生入学编队，正式上课。1970 年 10 月 31 日更名为"政治作战学校"。2006 年 7 月停招专科部，9 月 1 日改隶"国防大学"，更名为"国防大学政治作战学院"。

许历农 1975 年 6 月 1 日接任政战学校校长，一直做到 1977 年 12 月 20 日调任陆军军官学校校长。

在政战学校的两年多，许历农赢得了所有学生师长的尊重。由于他很关怀学生的起居作息，对学生很有爱心，学生皆称他为"许老爹"，该名称后随其工作单位扩散，在台湾不论军民、识与不识，多以"许老爹"称他而不名。

许历农说："一般人以为是我在辅导会作主委时，被老兵称为许老爹，其实这个称号是从政战学校的学生开始叫的，老兵只是继续沿用它。"

许历农记得，他在政战学校政治研究所修了好几门课，有要事无法上课时，也会请学生帮忙把课程录音下来，再找时间听完整个课程。

事隔 40 多年后，他还记得教授三民主义的任卓宣，上课从不带讲义，不发讲稿，但讲起三民主义如数家珍。许历农说："我在政战学校听了两年的课，获益良多。"

出任陆军官校校长

1977 年 12 月至 1979 年 12 月，许历农出任第 12 任陆军军官学校校长。

陆军军官学校由孙中山指示筹办，成立于 1924 年 6 月 16 日，第一任校长是蒋中正。陆军军官学校创校于广东广州黄埔，因此别称"黄埔军校"。1927 年，陆军官校迁往首都南京市，改为隶属国民政府，并更名为"中央陆军军官学校"。1937 年，抗日战争爆发，陆军官校西迁成都市。1946 年，陆军官校因应军队国家化，改称"中华民国陆军军官学校"。1950 年，陆军官校于台湾高雄凤山复校，改为大学与专科学制，2004 年取消了专科学制。

许历农是首位做过政战学校校长，又做过陆军官校校长的将军。他记得："从政战学校调任陆军官校时，有人说我是因为在做政战学校校长时表现不好，所以调陆军官校；有人说是经国先生要栽培我，让政战系统及陆军系统的学生都被我带过。"对这样的安排，他个人一点都不觉得委屈，他说："两个学校校长都是荣誉职，没有硬性规定校长的军阶，我连续做了两个荣誉职，感到十分光荣。"

许历农说，蒋经国每年都会去陆军官校三四次，而且几乎只要下南部，就会住在陆军官校。他记得，有一次他与学校师生都吃过晚饭后，蒋经国忽然来学校住宿，他怕蒋经国累，只做了五分钟简报，蒋经国听完简报后对他说，请厨房为他准备一盘蛋炒饭及一碗紫菜蛋花汤，送到他房间，不需任何人陪。

当晚将近 12 点时，蒋经国的侍卫官夏龙来敲许历农的门，说由于蒋经国住的"春晖堂"，之前是蒋中正住的，当时蒋中正过世不久，蒋经国在卧室内睹物思情，一直无法入睡，希望帮他找一张行军床放到套房的客厅里，他要在客厅睡。

许历农立即请人把他自己的床，搬去"春晖堂"的客厅。不料，床搬好后，蒋经国又请人搬了两张椅子到户外，就这样，许历农与蒋经国二人当晚在户外聊了许久，到大半夜，蒋经国才回到屋内睡觉。

许历农担心蒋经国每次来住都睡不着，于是在学校黄埔湖边上盖了一个小楼，取名"黄埔宾馆"，但他"没想到经国先生得知房子是为他盖的，始终不肯去住，一直到何应钦将军住过后，他才去住"。

另外，许历农记得，蒋经国长年穿同一件外套夹克，鞋子几乎磨得可见底，在在可看出他的克勤克俭。

六军团司令担任阅兵指挥官

1980 年 1 月许历农被任命为陆军第六军团司令，驻守于北台湾（北基宜和桃竹苗）。

许历农说："六军团司令负责北台湾最重要的守卫工作，在那一年多内，我以办公室为家，一个星期难得回家一次。"

许历农回忆，1981 年有一天蒋经国的侍卫通知他，蒋经国要在龙冈六军团司令部请桃园县长叶国光、桃园县议会议长简欣哲吃饭，只要四菜一汤。

许历农交代厨房买了一条石门水库的活鱼，但可能因此招来一只大苍蝇，在饭桌上飞来飞去，蒋经国怕许历农心里难过，故意视而不见，当苍蝇飞在蒋的右边时，他就故意往左边看，当苍蝇飞到蒋的左手边时，他就故意往右看。40 年后许历农回忆起这一段往事，还是对蒋经国的贴心很感动。

许历农记得，蒋经国吃得很简单，他的侍卫夹给他什么菜他就吃什么，还吃了绿豆稀饭。饭后，许历农准备了一个房间要让蒋经国休息一下，但蒋经国坚持要跟县长、议长去桃园乡下视察。

1981 年 10 月 10 日，许历农被蒋经国指定为"汉武演习"阅兵指挥官。他回忆说"阅兵可真是件大事，参与的有政战学校、陆海空三军官校的学生及陆海空三军部队，又有战车、战机、大炮及各种军备，我要把所有的人整合为一个整齐划一的队伍，又要把所有军备整合起来，公开被检阅，真不容易。还好，靠着大家的努力，那次阅兵几乎零缺点。"

出任"国防部总政治作战部主任"

1950 年，蒋中正决定要军队恢复政工制度，特派蒋经国为"国防部总政治部"（1963 年改名为"总政治作战部"）第一任主任，编阶中将，在任四年。之后为提升政战工作，促进军事和谐，一方面将主任编阶提高为上将，另方面主任及干校校长概由军事带兵官出任，王升是唯一例外。高魁元、唐守智、罗友伦皆由军团级司令调任主任，同时晋升上将。在王升之后，许历农、言百谦两位主任也均先后担任过军团司令。

蒋经国曾在国共内战追随蒋中正参与作战指挥，深刻体认国民党军当年虽有优良的武器装备，却败给解放军，主要是因为国民党军（1）丧失中心思想，不知为何而战、为谁而战；（2）没有保防警觉，很多部队重要机构被渗透而不自知；（3）丧失军魂气节，高级将领投降者众。所以他首先提出优秀青年从军的号召，继而想办一所政工干部学校。

蒋经国请了王升培训一批精英，重振"革命军魂"。王升先在淡水海边，利用破旧草棚，成立了政治工作干部训练班，不久再利用北投废弃竞马场成立了政工干部学校，命名为复兴岗。经年累月，逐渐注入部队新血，俨然成为革命劲旅。

王升军事学历为 16 期，1954 年 1 月在干校教育长任内晋升少将，1961 年 1 月升任中将，1970 年晋升上将。他做了 15 年执行官，8 年"政战部主任"，可以说把将近 40 年的黄金岁月奉献给了政战事业。

王升经常讲，政治作战有六大战法：思想战、组织战、心理战、情报战、谋略战、群众战，这些适用于军事领域的概念，也可运用于政治、经济、外交、社会各方面。他在任内成立了"刘少康办公室"，定时邀请"行政院各部会首长"参与开会。

对王升的积极做法，社会议论纷纷，有人批评他所做的超过其职权。随着舆论压力愈来愈大，蒋经国有意撤销刘少康办公室。

1983 年 5 月，许历农在王升无预警地被蒋经国外放"巴拉圭大使"之际接任"总政战部主任"，可以算是当时台当局危机处理的一部分。由于许历农个性低调、勤快、清廉，凡事又都先跟部属沟通，任职不到半年，所有部属都对他很服气，而许历农任内四年多，没有任何部属离职，足证当时政战系统很稳定。

许历农在任内提出，政治作战务必防堵分化，团结部队，凝聚向心力，成就战力，也强调用兵思想应讲求"不战而屈人之兵"，这等同于目前所说的"软实力"与"巧实力"，毕竟战争不能解决争端，侵略只会导致败亡。

许历农认为，应该有一个整体的政治作战规划，但他不认为那是"国防部总政战部主任"的事。当时蒋纬国担任"国安会秘书长"，他经常对许历农说：这个事你该做，那个事你该做。许历农总回应他，"'国防部总政战部主任'应该做'国防部'以内的事，你是'国安会秘书长'，应该负责整体的政治作战。"然而，蒋纬国在"国安会"那段时间，每一年仅召开一两次会议。

"政战部"部属回忆许历农

当时"总政治作战部"位于介寿馆 5 楼。许历农经常晚上加班到深夜，当他离开办公室时看到还有部属在加班，甚至有不少人索性就在办公室简便的躺椅上过夜，心中很感动。

从胡升堂少将写的《铁军回忆录》可知，许历农事必躬亲，对工作很认真，端卷宗上去，不管有多少附件或原案，他都会一一从头看到尾，而不是只在签呈上批个"阅"字，写个"可"字，或画个"行"字。胡升堂在回忆录写道："有一次故意在附件的见出纸上加了些糨糊，把附件和签呈粘起来，以测试许历农到底看了签呈附件没有，卷宗退回时，不但相粘处被撕开来，而且在他讲话要点用红铅笔画了许多圈圈。"

据多位跟过许历农的部属说，许历农之所以特别受到军中袍泽的敬重与尊崇，是因为他真正践履《曾胡治兵语录》中的"公明勤廉"，表里如一、言行一致。任职内没有"许家班"，没有"夫人帮"，家居简朴。

当时直接对蒋经国负责的两个军事核心，一个是"参谋总长"，一个是"总政战部主任"。"国防部新闻处"负责整个军事发言，编制设在"总政治作战部"。每次新闻处要发言前，会先准备好新闻稿，经"总政治作战部主任"认可后，送呈"参谋总长"批示。

据跟随许历农多年的"总政治作战部"外事联络官宋海笙上校说，许历农在任内经历两位"参谋总长"，先是宋长志，后是郝柏村。宋长志个性温和，很容易相处。郝柏村做事认真、要求甚高，但与许历农相互欣赏尊重，每一次新闻稿经郝柏村改正后，许历农总是盛赞他改得好。

"总政治作战部"的工作是照顾官兵心理，让他们的怨气有地方发，而许历农在这方面做得很好。根据宋海笙的观察，许历农有以下几大特质，特别得到全体干部的认同及尊重。

第一个特色是勤快。许历农要求干部凡事要"心到、手到、口到、脚到"，自己则比干部更勤快，他不论到任何一个点或驻防地，都会坐下来亲自聆听大家的意见。当时"政战部"负责联系"六报三台"：六报是《中央日报》《中华日报》《青年战士报》《新生报》《中国时报》《联合报》，三台是台视、中视、华视，加上"中国广播电台"，工作非常繁重，许历农事必躬亲，根本没有时间回家。

另外，许历农为了解民意，也经常与教育文化界人士，例如《天下》杂志发行人高希均、《联合报》总编辑张作锦、台大教授叶庆炳及张剑寒、东吴大学杨其铣教授、文化大学胡品清聚聚，也因此结交了不少好朋友。

第二是清廉。许历农把每一份别人送给他个人的礼品都拿出来，要求部属一一登记，然后在各种节日时当作摸彩礼物分送给大家。他从来没用过主管特支费，连兼职的车马费他都拿出来，放在一个单独的账户内，之后任何用途或赠送给人，每一笔都有详细的记录。这种作风带给后面接他的主任有些困扰，但许历农的清廉作风在军中及"辅导会"流传至今。

第三是行事作风低调。许历农经常说，"政战部主任"不能抢"参谋总长"的风头，他要求部属任何新闻绝对不可上他的名字，政战人员应该保持低调，只做事，不出名。

第四是他极有亲和力。据部属的回忆文章说，许历农习惯在晚间看公文，深夜下班离去前，常会顺道走进部属的办公室，跟他们简短地聊几句，有时也会机会教育式地教导部属"重话轻说"的真义。

第五是对大陆的研究十分认真。许历农不仅自己找书看书，还会就不同问题询问不同学者专家，在得到答案前绝不放弃或打混，确实做到了不耻下问。因此，当许历农说大陆在改革开放后做了大幅改变，认得他的人都相信他说这话有凭有据，也知道正因为他从事的工作，让他比其他人对大陆的了解较早也较多。许历农认为，他有必要坦率告诉大家大陆的变化及实力所在，因为台湾当局在知道真实情况后，才不会做出错误、鲁莽决定，让台湾陷入险境。

宋海笙还记得，当时很多中南美洲、非洲及亚洲国家来台学习政治作战，例如1987年南非派了一个将领团来台学习，他们称许历农为"政治作战之父"，并坚邀他去南非做现场指导，但许历农没有答应，也从不对任何人给他戴高帽子做回应。

说到政战的工作范畴，许历农认为，凡是军事手段不能做到的所有事都属于政治作战，也就是说，政战是无形的作战力量，靠的是软实力、巧实力。尤其，由于两岸的面积、人口、军事实力极为悬殊，台湾根本不可能靠军事力量获胜，所以更应该讲求政战力量。但在大陆改革开放、经济好转、综合实力转强后，许历农体会到，台湾根本不应再与大陆对抗，他也逐渐转向支持两岸和平统一。

被质疑身为台军将领为何支持统一

许历农经常被问到："您是军人，又做过'政战部主任'，做的是'反共'思想工作，为何后来不仅不再'反共'，甚至支持统一，不会感觉这中间反差很大吗？"

他总是耐心地回答说："我觉得没有什么差异，我从军是为效忠国家，希望国家兴盛，军人关心国家的事情是天经地义的事，尤其，我做过'总政战部主任'，不论从思想、理念、信仰哪一方面来谈，都应该支持国家统一啊。"

去过许历农在建国北路、长春路口办公室的人都会发现，他的书架上摆满了研究邓小平的书，例如《邓小平年谱》《邓小平之后的中国》《中日外交风云中的邓小平》等等。许历农承认，从他 1975 年担任政战学校校长起，他就开始看台湾出版的《大陆工作法规汇编》《大陆工作参考资料》等介绍大陆的书籍，也在政战学校研究所上课，从书本及上课中得到不少启发。

许历农 1983 年担任"总政战部主任"后，了解大陆发展成了他工作的一部分。他因此看了更多书、更多资料，也很快发现，大陆在 1978 年底邓小平实施改革开放后，发生翻天覆地的改变，经济上快速成长，外交上有重大突破，但坚持走和平发展的道路，身为中国人，他感到欣慰与骄傲。

许历农认为他的思想转折，早已在过去 20 多年来的演讲及文章中讲得、写得很清楚，所以当他在 2017 年 9 月 2 日，（"军人节"前夕），把一篇 2011 年 4 月写的《我为什么以前"反共"，现在"促统"？》旧文

（见附录一）放在他个人的脸书上，居然会引起轰动，感到惊讶和不解，当然也因此认识到新传媒的普及性及宣传力。

支持统一的几个主要理由

许历农之所以支持统一，可以归纳为以下几个主要原因。

一、坚信两岸同属一个中国

许历农坚信："台湾是中国的一部分，大陆也是中国的一部分。"两岸历史同源、文化同根，两岸人民都是中国人，当然是一个中国。

他在演讲中说：1895 年中日《马关条约》，割让台湾给日本，如果不是一个中国，台湾不是中国领土，为何说"割让"？

1943 年，四强开罗会议，决定战后日本应将台湾归还给中国，如果台湾原本不是中国领土，怎么说是"归还"？

1945 年抗战胜利，台湾光复，国民党播迁来台，两岸对一个中国没有任何质疑，没有任何争议。台湾坚持一个中国，所以要"光复大陆国土"，大陆也坚持一个中国，所以要"解放台湾"。

至 1972 年，中华人民共和国和美国共同发表《上海公报》，说："在台湾海峡两边的所有中国人都认为只有一个中国，台湾是中国一部分。"当局当时对《上海公报》持反对态度，唯有对一个中国这一点没有异议，只补充说："台湾是中国的一部分，大陆也是中国的一部分。"

许历农认为是李登辉继任台湾地区领导人后，由于"台独"心理作祟，才逐渐出现"一中一台""两个中国"论调，混淆国家认同。

二、立志做孙中山的信徒

许历农是孙中山先生的信徒，而中山先生一生追求的目标，就是国家统一、民主与富强。

许历农多次在演讲中说，辛亥革命的政治主张不外统一、民主与富强三大诉求。一是统一：孙中山先生在南京宣誓就任临时大总统时，在《就职宣言》中就强调："国家之本，在于人民，合汉、满、蒙、回、藏诸地为一国，即令汉、满、蒙、回、藏诸族为一人，是曰民族之统一。"

二是民主：辛亥革命推翻了中国两千多年的君主专制体制，建立了亚洲第一个民主共和国，辛亥革命的目标就是追求民主。

三是富强：孙中山先生所以领导革命，主要是因为清廷腐败，外敌入侵，割地赔款，内政不修，民穷财尽。辛亥革命的动机就在图谋国家富强。

他认为，今天海峡两岸的中国人，仍以统一、民主、富强为追求的目标，发展的方向。作为中山先生的信徒，他必须竭尽心力，促成中国早日达成中山先生的目标。

也因此，他很欣赏王作荣先生说的："两岸都是炎黄子孙，哪一边能使国家富强、人民幸福，我就认同哪一边。"

三、不愿看到两岸烽烟再起

许历农曾引用美国总统艾森豪威尔说的："只有亲身经历过战争的可怕，才会了解到和平的可贵。"他以自己为例：他28岁时即因国共内战妻离子散，直到40多年后才再见到自己的大女儿。因此，他就是战争的受害者，他比谁都渴望和平，希望中国人不再打中国人。

20世纪80年代初，许历农担任金门防卫司令官时，看到金门小小的岛屿上驻防了十万大军，那么多年轻人挤在狭隘的坑道里，加上生活环境差，半年甚或一年都回不了家，所以大家火气都很大，各碉堡内都标注一则鲜明的警语"忍耐、清枪"。但仍有士官兵因无法忍受或受到委屈而举枪自杀，或开枪扫射自己的同袍。许历农看在眼里，感触特别深刻。

他在演讲中，多次讲到在台湾成长的年轻人，几乎没有看过战争的实况："十里洋场，一夕之间可以化为灰烬"，"美满的家庭，一夜之间可能妻离子散、家破人亡"，"多少父母失去了子女，多少子女失去了父母"，"造成多少孤儿、寡妇"。孙子兵法："兵者，国之大事，死生之地，存亡之道，不可不察也。"

他又说："主不可以怒而兴师，将不可以愠而致战"，"战争实在太残酷了，没有经历过的人很难想象。爱台湾就应该努力终止两岸敌对状态，结束两岸政治分歧。"

尤其，他认为"台湾幅员小，先天条件不足，无法筹组庞大的军备，难以用实质的军事力量与大陆抗衡，一旦发生战事，台湾承受不起，也会影响中华民族的复兴，是全体中国人的不幸。"

四、欣见大陆改革开放、和平崛起

许历农看到大陆自从 1978 年邓小平推动改革开放后，经济快速发展，让中国人走出百年来贫弱的命运，特别让他感到欣慰与骄傲。

他很同意邓小平说的："目前世界范围的竞争，开始从军事的优势，转向争取综合国力的优势，尤其是经济和科学技术的优势。"今天大陆"和平崛起"，"和平发展"，其实争的就是综合实力的优势与经济和科学技术的优势。

2003 年 5 月 14 日，许历农在《联合报》民意论坛发表《中国还有什么？台湾又有什么？》。

　　文章中，他说有人问"为什么要主张统一？是不是你不爱台湾？"，他回答说："我要大声告诉世人，我热爱台湾。我在大陆只生活 28 年，而在台湾，我已经生活 55 年了，很多台湾人还没有我在台湾资深，我主张追求国家统一，正是为台湾前途及 2300 万同胞福祉着想。"

　　至于当时有人写文章说："请问，除了飞弹和'瘟疫'，大陆还有什么？"他回答说："大陆有和我们台湾同胞同样的祖先，同样优秀的 13 亿人口，有比台湾大266 倍，将近一千万平方公里的锦绣河山，有两岸同胞共同祖先经营累积的五千年历史文化，有 2,869 亿美金外汇存底，有每年排名世界第一的 8% 的高经济成长率，有即将送人进入太空的高科技。"

　　他又说，国家就像一个家庭，贫富、多少、有无，常常在变动中，但两岸的人民不能否认是同胞，台湾当局尤应认清事实，"如果思想里充满着仇恨和敌意，注定不会有好的前途。"

　　他 2004 年 1 月 13 日发表在《联合报》民意论坛的《亲爱的，问题在两岸！》，更表示在台湾，"两岸问题是核心，不把两岸问题处理好，谁当'总统'，台湾都没有前途、没有远景"。

　　他在文中反省，由于几十年的"反共"教育，在台湾恐怕还有不少人对大陆的认识停留在"三反""五反""文化大革命"的阶段，"其实，自 1978 年邓小平提出改革开放以来，大陆的进步，俨然是一副新的面貌"。他很同意温世仁说的"大陆今天的经济发展现象，是人类历史上从来没有过的经验"。

　　许历农强调："我不是在长别人志气，灭自己威风，只是要提醒台湾民众，特别是领导人或是即将出任的领导人，面对大陆这样快速的、全面的、彻底的改变，我们不能再沉湎于过去'反共抗俄'的框架中，而须抛去过去的恩怨情仇，以新的观念、新的思维，检讨两岸政策。"

第三章　任"退辅会主委"

蒋经国开放大陆探亲

1986 年 10 月 7 日，蒋经国与《华盛顿邮报》发行人葛兰姆女士等人见面，提到台湾将取消"戒严令"，但基于安全的顾虑，不会改变"三不政策"（不接触、不谈判、不妥协），这个消息一出，老兵都感到非常失望及不满。何文德等老兵联系了多位学者及社会人士，经常举办演讲及陈情集会，要求当局开放探亲，得到社会热烈的回响。他也于 1987 年 4 月 15 日成立了"外省人返乡探亲促进会"。

1987 年初，蒋经国令国民党秘书长马树礼研究开放探亲的可行性，之后对马研拟的"准出不准进""条件从严"结论不满意，要求再议。

5 月下旬，蒋经国询问第一局副局长马英九对老兵返乡探亲的意见，马说立法机构及舆论均强烈希望开放返乡探亲。蒋经国要马英九与张祖诒联系，尽快研究开放大陆探亲的方案。

6 月 2 日，马英九完成《民众往返大陆探亲问题之研析》初稿，蒋经国看后，再要求李登辉与马树礼分别从党政系统的立场，进一步研拟具体做法。

7 月 1 日，李焕接国民党秘书长，直接策划开放大陆探亲案。

7月15日，蒋经国宣布解除"戒严令"。

9月14日，蒋经国召见"参谋总长"郝柏村和"总政战部主任"许历农时，就探亲问题谈了三点意见：（1）基于人道原则，将开放大陆来台人员回大陆探亲，回大陆探亲纯为民间私人行为；（2）探亲管制由"安全局""警总"及"境管局"派人支援，实际操作者为台湾红十字组织；（3）台当局不与大陆接触、谈判、妥协之政策不变。

9月16日，蒋经国在国民党中常会宣布开放大陆探亲。

10月14日，国民党中常会通过探亲决议案：除现役军人及现任公职人员外，凡在大陆有血亲、姻亲三亲等以内之亲属者，得登记赴大陆探亲。15日，台湾通过"台湾地区民众赴大陆探亲办法"，吴伯雄宣布台湾民众赴大陆探亲的具体办法，自12月1日起，民众可赴大陆，一年可有一次，一次3个月。次日，大陆公布《关于台湾同胞来大陆探亲旅游接待办法的通知》。

11月2日，台湾红十字组织开始开放探亲登记，预定当天上午9时开始登记，但凌晨就已人山人海，第一天登记人数高达1334人，6个月内登记人数更高达14万，足见民间期待两岸交流之心切。

临危受命接"退辅会主委"

老兵们想回大陆由来已久，不是一天两天的事，但是他们不敢讲。1987年7月15日，蒋经国宣布解除戒严令，老兵们以为什么都解除了，于是集结起来说要回乡探亲。他们找的第一对象是"退除役官兵辅导委员会（下称'退辅会'）主委"张国英，但他们见不到张国英，又因沟通不良和"退辅会"人员发生冲突。于是老兵想方设法包围了国民党中央党部，当时把党部大门都打掉了。第三步则是去"行政院"陈情，发生了所谓"11·9事件"。

11月9日，老兵到了"行政院"就决定不走了，他们在大门口埋锅造饭，人愈来愈多。当时张国英的座车到现场转了几圈，他却不肯下车。蒋经国乃派国民党文工会主任宋楚瑜去跟老兵沟通。

11月10日晚上，宋楚瑜进入现场，告诉老兵们他是老兵之子，穿的内裤也是美援面粉袋做的。宋还转达了蒋经国的话："只要我蒋经国有口饭吃，老兵就有饭吃；即使只剩最后一口饭，也会让老兵们先吃！"听到蒋经国这句话，老兵们开始撤退。

"11·9事件"过后几天，蒋经国在一次国民党中常会后要许历农去见他。由于当时张国英才接"退辅会主委"不到半年，许历农完全没想到蒋经国要见他与"退辅会"有关。没想到蒋经国见到他第一句话就讲："我要你去退辅会当主任委员"。

他心里明白"退辅会主委"在当时是一件很困难的差事，但他看蒋经国语气很坚定，只好回答"我全力以赴"。蒋经国接着说："我相信你会搞得好，因为你很有爱心。"后来他才知道蒋经国跟别人也这么讲，因为很多人告诉他"经国先生说你很有爱心"。

《荣民时报》在许历农调任"退辅会主委"时，发表了一篇社论，称"许历农是经国先生手中的救火队"，每次碰到急难时，就会想到他。

许历农11月18日正式到"退辅会"报到。上午报到后，下午立刻分别约见了老兵自救会会长刘任航以及包围中央党部的曹光羆等两派老兵代表，他们各派了10个人来。

许历农问他们为什么闹事，他们讲了许多事，例如"到荣总，不被当人看""就养金比贫户救济金还要少"，还有"我找不到人呀，有问题不晓得跟谁讲啊"等等。

许历农说，"你们讲的这些问题，我都可以替你们解决"，他告诉他们"下一次你找不到人，就来找我，我的办公室大门永远为你们开着，我就住在办公室里，白天找不到我，就夜晚找，夜晚再找不到我，你就留下名字、地址、电话，我会去找你"。

就从那时候开始，许历农在每个星期六上午，率领"退辅会"各处处长、副处长，接见来自各地的老兵，当场听其心声，为其解决问题，能做到的就立即交办处理；无法做到的，当面向老兵解释做不到的原因。他刚上任时，每周有二三百名老兵登记求见，后来每周只剩几十人登记。

敬佩蒋经国鞠躬尽瘁

许历农到"退辅会"工作后，蒋经国经常晚上大约九点多会打电话给他，找他去七海官邸。当时蒋经国身体已经很不好了，许历农拿了把椅子坐在他床旁边，听蒋经国说"退辅会"从无到有的过程，也传授当"主委"应该如何照顾老兵，"我们既然将老兵带出来，就必须照顾他们"，"照顾老兵要像照顾自己家人一样"。

蒋经国有时讲一讲就停下来，许历农以为他睡着了，不敢喊他，没想到，过一会儿，蒋经国又继续讲，一讲就讲一个多小时，"讲的都是要我尽心尽力照顾老兵的话"。

许历农静静地看着蒋经国躺在被子里，鼻息之间呼吸起伏，当时就想到"鞠躬尽瘁"这句话，也立志要学习蒋经国的精神，尽力照顾老兵。

募款及发放旅费给老兵返乡探亲

当时老兵急着返乡探亲，但很多人筹不出旅费。民进党说"政府带老兵来，老兵应该找政府要钱"，但许历农想若开了此例，那还得了？于是跟老兵说："政府不方便出这笔钱，但我可以用募款方式来筹钱。"

许历农到"退辅会"的第三天，适逢会务会报，他没听报告，直接跟几位处长谈为老兵返乡募款的事。他说"有很多单位，包括民进党，都表示要出面募款，但我认为这项工作应由'退辅会'来做"，并指派三处处长邓雪瑞负责办理。

邓雪瑞处长当时问了许历农几点做法。第一点是募款的对象，许历农表示要向全台民众募款。第二点是目标金额，许历农说若一人给 2 万元，你算算看要多少。第三点是捐款要发给哪些人？经大家商量后决定，孤苦贫寒者优先，其次是年长、自谋生活者，这些人离开部队时每月只拿 400 元，无退休俸，生活很苦。第四点是募款委员会何时成立，许历农说一周内完成。

为求募款有公信力，许历农立即成立了"协助老兵返乡探亲补助旅费筹措会"，找了王效兰、余建新、余范英等人担任委员，又聘请了陈长文律师及郎万法会计师作为募款及发放钱的见证人。"退辅会"也在各大报刊登了募款启事。

许历农又想自己也应该去募款。他第一个找上《联合报》创办人王惕吾先生，王惕吾知道许历农的来意后，就立刻同意捐 2000 万元，许历农心里想那么多人，2000 万元怎么够？就继续坐在那里，后来王惕吾说"我替我太太捐 2000 万元"，看许还不走，王惕吾又说"我再替子女捐 2000 万元"，就这样，王惕吾一口气捐了 6000 万元。后来又表示愿意举办一个募款晚会，拿一些古董出来义卖。那一个晚会大约募了 3000 万。就这样，"退辅会"在短短一个半月内募到了 5.7 亿。

余款在香港成立欣安服务中心

后经委员会通过，每一名老兵发放两万元，总共资助了两万多名老兵返乡。募款最后还剩下两千多万元，许历农于是指示"退辅会"第一处处长曹建中，筹划在香港成立专责机构，帮助老兵转机，顺利回老家，平安回台湾。

1990 年 4 月，"退辅会"派一处副处长江兆迁至香港执行任务，5 月 8 日"欣安服务中心"在香港正式成立运作，雇有四名员工，每天 24 小时服务，日夜有专人值班。凡是有往返台湾、香港起降班机时，中心的工作人员就会在机场内外巡视，一旦发现貌似返乡的老兵，即主动上前关怀，视需要给予服务和照顾。

欣安服务中心服务老兵长达 20 年，后来从月报得知，多数老兵皆已达成返乡心愿，需要服务的人愈来愈少，该中心才结束营运。

另外，开放探亲后，衍生了单身亡故老兵遗留财物处理问题，"退辅会"为此成立了"遗产处理专案小组"，由一处负责执行接待往生老兵的大陆亲属，协助他们办理遗产继承。另外，针对老兵赴大陆长期居住，许历农也指示下属研拟"就养老兵申请进入大陆地区就养给付发给办法"，该办法于 1992 年 11 月核定实施。

照顾老兵是"退辅会"最重要的工作

除了一上任就大力协助老兵返乡探亲，许历农任内还有许多建树，至今被津津乐道。

一、设立自费安养中心，整建安养设施，使支领退休俸、赡养金、生活补助费及大陆半俸等年老无依的老兵，能以自付生活费的方式得到就养照顾。许历农并积极争取调整安养老兵的生活补助，使每人每月由 2818 元调高为 6928 元，此调幅在当时而言不算小数目。

二、加强对散居老兵的服务。当时凡是不住在"老兵之家"或医院，散居在各处的老兵都归老兵服务处管，而全省 22 个县市每一个县市都设有一个老兵服务处。他们直属"退辅会"第一处。

许历农上任后不久，即前往各地探视这些散居老兵，他看到有单身老兵住在山里简陋的棚子内，有人住在河边桥下，有人住在坟墓旁，心中十分难过。照道理讲，老兵服务处人员每三个月必须固定去探访散居老兵一次，但事实上，不少单身老龄老兵去世好久都没人知道，有的甚至是遗体被发现上了报，老兵服务处才知道。

据"退辅会"参谋宋海笙口述，许历农为确保老兵服务处做好工作，经常在晚上及周末微服出巡，去拜访各地老兵服务处，令不少服务处的工作人员担心随时被抽查。另外，有些老兵会透过老兵信箱投诉，"退辅会"机要会先看过这些来函，然后呈交"主委"，许历农看完后通常会批示哪一天去拜访投诉老兵。其实，大部分老兵碰到问题，都会先跟老兵服务处反映，但服务处难免会吃案，也常常官官相护，没有好好处理。除了经常探访投诉老兵，许历农也碰过老兵拦路喊冤，直接向他告状。只要检举有具体事证，许历农都会坚持追查，而且一查就要查个水落石出。

三、极力向相关单位争取土地放领、办理农场场员配耕土地放领，使配耕满10年以上的场员成为自耕农。许历农为了了解老兵生活情况，曾走遍深山僻壤，像他去过立雾溪畔花莲西宝农场，那地方几乎从来没人去过。他发现由于老兵没有土地所有权，生活过得很苦，他决定为老兵争取土地放领。刚好那时李登辉在造访台大农场时主张土地可以放领给农民，许历农看到报导后，立即在"行政院会"为老兵争取土地放领，时任"行政院长"的郝柏村表示支持。许历农1993年自"退辅会"退休时，老兵的土地放领政策已开始实施，而农民的土地放领政策则尚未落实。

四、从1972年赵聚钰担任"退辅会主委"时，"退辅会"就开始跟民间合作开发一些特许事业，例如当时要开瓦斯公司，必须先取得"退辅会"的同意，因此当时22家瓦斯公司中有16家都是欣字号，"退辅会"是大股东，有权聘任董事长、总经理、人事经理。但当许历农出任"退辅会主委"时，台湾已经"解严"，蒋经国想要把这些权利释放给民间公司，他体会蒋经国的心情，知道尽管当局需要钱照顾老兵，但特许事业不可能像之前那样经营，他因此亲自出席每一家公司的股东会，向股东表达官股应与民股合作，维持良好关系，确保每一家公司都赚钱，能把部分获利放在安置基金，由"退辅会"转投资，运用赚来的钱照顾老兵。蔡英文2016年上台后，开始启用所谓专业经理人，民间公司也透过购股方式，从小股东变成大股东，"退辅会"处处受到牵制。

五、为因应地区老兵及其家属和及一般民众的医疗需要，许历农在任内筹建了桃园、凤林及台东等 3 所老兵医院，就近照顾老兵的医疗需求。

六、积极推行会属农业、事业机构"团结致富"方案，鼓励农场种植经济价值较高的农作物，提高农民生活品质与收益。并配合当局发展观光休闲政策，完成森林开发处栖兰山及武陵、福寿山、清境、嘉义农场等地区的整体观光规划，持续推展之下，上述诸地成为最具盛名的观光景点。

自认已尽心尽力完成托付

许历农说，"退辅会"的工作就是辅导退除役官兵就业、就学、就医、就养。

一、就业：为辅导老兵就业，特设工厂、农场，并与民间合作开办合营公司，凡退役官兵有工作能力者，按其志愿、专长，优先辅导至"退辅会"办的农场、工厂或公司工作，若有意任公职者，"退辅会"会协调考政机关举办特考。

二、就学：退役官兵自愿升学者，除洽请教育机关给予入学考试加分优待外，并由"退辅会"补助学杂费用，以协助其完成学业。

三、就医："退辅会"在全省各地设有老兵医院，对退除役官兵提供免费医疗服务，老兵眷属就医折价优待。

四、就养："退辅会"于各县市设有老兵服务处，专为散居老兵服务，并设有老兵之家，凡年满61岁之单身老兵无谋生能力者，均予公费安养。

许历农在1991年接受《远见》杂志访问时说，当初成立"退辅会"有三个目的。

一是防务建军的需要。他说："任何一个国家的军队都必须做到新陈代谢，如果退役的人没有得到妥善安置，就没有人愿意进入军队服务，部队中的新陈代谢就无法正常运作。"

二是基于社会安全的需要。他举例说："当初60万大军来台，约占台湾人口的十分之一，这些人退役下来，如果没有好好的安置，会造成很大的社会问题。"

三是经济发展的需要。他说："从当年十大建设到各项建设，老兵所投入的人力，对社会贡献非常大。"

他认为老兵辅导工作是一贯的，但由于社会变迁，在做法上及某些重点上会有所调整。例如，刚从大陆撤退到台湾的那批军人，现在年纪都大了，辅导重点在就养；来台后加入的军人也要慢慢退伍了，辅导重点在就学及就业。

1993年2月26日，许历农卸下"退辅会主委"一职。25 年后问他这一段历史，他说："我在能力所及的范围里尽心尽力了，希望没有辜负经国先生的托付。"许历农对于曾经协助老兵返乡感到特别欣慰："我做了一件对的事情，也因此打破了长达 38 年之久的两岸隔绝局势，更是两岸同胞之福。"

从许历农办公室墙壁上一直挂着一幅"退辅会"旧识送的匾额，就知道他很珍惜与"退辅会"同仁的共事。匾额上写着：

疾风始知劲草，板荡乃识忠贞，荣胞希望所寄，是正义的大纛，是邪恶的克星，上下肝胆永相照，从来袍泽情深。

第四章　最早认清李登辉的真面目

1988 年李登辉接任地区领导人及国民党主席

很多人不谅解蒋经国挑中李登辉为接班人，但谁都不能否认，李登辉对蒋经国的话言听计从，唯唯诺诺。例如李登辉继林洋港之后出任台北市市长，赴任之初，曾特别晋见蒋经国向其请示，对蒋经国提出的必须亲民、多接触基层员工等意见频频点头。之后，李登辉在台北市政府经常举办员工讲习，亲自对学员做精神讲话，而且在同乐会每次被邀请唱歌时，他都会选择当时流行的爱国歌曲。

另外，蒋经国可能未料到自己会那么早过世，他以为让李登辉于 1984 年接任副手，可有更多机会近距离观察李登辉，如不理想还可以更换。未料，蒋经国于 1988 年 1 月 13 日下午一点多去世了。

蒋经国去世后，地区领导人一职依法由李登辉接任。但中国国民党主席一职该如何定夺，党内不少同志，包括前"监察院长"黄尊秋，皆认为李登辉入党才17 年，不宜立即将党政大权集于其一身，故建议暂采集体领导方式，待时机成熟后再选出党主席。

据时任国民党秘书长的李焕 2009 年接受凤凰卫视访问时说，1988 年 1 月 26 日，国民党要召开中常会的前一晚，他收到宋美龄的一封信表示，党主席不该由中常会决定，而应由党代表大会或中央委员会决定，国民党应暂采集体领导。当时的"行政院长"俞国华也在该晚接到蒋孝勇的电话，表达同样意思。27日清晨3点，李焕接到俞国华的电话，相约在会前商议，当天上午8点半俞国华到李焕家，二人决定会议上暂缓处理代理主席案。没料到中常会上，列席的国民党副秘书长宋楚瑜强力主张当天就应处理代理主席案，而且他一讲完话，拍了一下桌子，即走出会场。宋楚瑜这个大动作使得"李登辉任代理主席案"在会议上顺利过关。而宋的临门一脚，不仅让李登辉坐稳了国民党的权力核心，也从此开始了李宋二人之间的政治合作。

同年7月7日至13日，中国国民党召开第13届代表大会，主要任务有二，一是选党主席，二是向世人宣示传承既有的"以三民主义统一中国"路线。

在大会之前，第一届"国大代表"滕杰向李登辉建议，为了党的团结，应增设副主席，并以蒋纬国出任最为恰当。李登辉表面上不表示反对意见，暗地里却派人强力阻止增设副主席案及"请蒋纬国任中常委案"。另有许多党代表提议聘请宋美龄出任荣誉主席，也同样被运作掉，完全没有下文。在会后，接着开"中全会"选举中央常务委员，31位中常委里台湾省籍者占16位，刚好过半数，不难看出李登辉那时即有刻意改换国民党格局的意图。

李登辉在 1988 年至 1990 年间，言行还算低调，他多次对人表示："我一生最敬仰两个老师，一个是上帝，另一个就是经国先生。"不过，当时已有人得知其心意，率先在立法机构成立"集思会"，提出"国民党应本土化""台湾国民党"的口号，主张修改"宪法"，变更行政体制。集思会核心成员包含饶颖奇、黄主文、吴梓、林钰祥等人，吴梓在以后参选省长时的文宣资料中坦承，他们当时经常出入李登辉官邸，饮酒作乐。

同时，若干国民党籍"立法委员"，包含赵少康、郁慕明、李胜峰、陈癸淼、周荃等成立了"新国民党连线"，在之后的"立委"选举中，大多数均高票当选连任，相反的，集思会虽获国民党特别照顾，很多重量级成员，诸如吴梓、林钰祥、蔡璧煌均告落选。

1993 年初，"新国民党连线"以"新国民党"的名义，向"内政部"登记组党，"内政部"以和国民党同名而拒绝，后乃更名为"新党"。

1990 年国民党提名地区领导人候选人之争

1990 年 2 月 11 日，国民党召开"十三全中央委员会"临时会议，推举、提名地区领导人候选人。时"任退辅会主委"的许历农及时任"行政院长"的李焕、时任"参谋总长"的郝柏村、时任"总政战部主任"的言百谦、时任"总政战部执行官"的杨亭云，都已怀疑李登辉有"台独"倾向，反对推举李登辉，并表态支持林洋港与蒋纬国搭档选地区正负领导人。他们当时想在会场先通过蒋纬国为地区副领导人人选的提案，如该案不被采纳，再提出"林蒋配"，让国民党提名二组人马，再由"国民大会"公决。

许历农回忆，2月11日，林洋港、丘创焕等人先后发言，丘创焕把他为什么反对李登辉的原因讲得很清楚，被公认是丘先生最成功的一次演讲。谢东闵是会议主席，宋楚瑜当时已升任中央党部秘书长，负责议程进行。本来许历农等人计划发言完就立刻表决，但"拥李派"坚持要午休，下午再继续开会。

下午开会时，许历农和李焕、郝柏村、俞国华、丘创焕、宋长志等人都主张决定人选应采秘密投票方式，但宋楚瑜、何宜武及集思会成员黄主文、林钰祥等人，则坚持以起立鼓掌方式表决。最后，起立派以99票对70票，击败秘密投票派，也导致林洋港败北。那一次会议的拥李派从此被称为"主流派"，反李派被称为"非主流派"。

2月12日，战场转至"国民大会"。依法规定，只要有100名"国大代表"的联署，便可取得地区正副领导人候选人的资格，而正式选举采秘密投票，二李不见得能顺利当选。于是，李登辉和李元簇展开逐户拜访"国大代表"的行动，用尽一切拉拢施惠的手段，收买"国大代表"。

3月3日，李登辉约了黄少谷、谢东闵、袁守谦、陈立夫、李国鼎、蒋彦士、倪文亚、辜振甫"八老"，在其办公室开圆桌会，央求他们出面劝退林洋港。

3月4日，滕杰等27位"国大代表"联名在台北三军军官俱乐部举办餐会，有280多名"国大代表"出席，加上其他各界人士、新闻记者，会场挤进了将近一千人。蒋纬国与林洋港先后莅临，全场起立，致以热烈的掌声。

根据《从抗日到反独——滕杰口述历史》，李登辉立即展开反扑行动。第一是以文字攻击、黑函威胁支持林蒋配的人及组织，希望他们知难而退。第二是密集要求"八老"对林洋港劝说。第三是暗中策动学生。这三面战线是依据"拉林、打蒋、丑化老国代"总方针而展开的。

3月9日，"驻日代表"蒋孝武突然回台北开记者会，发表抨击叔父蒋纬国的公开信，信中说蒋纬国"假民主程序之名，图夺权之谋"，令社会哗然。

同一天下午两点半，林洋港忽然在"八老"的簇拥下，向新闻界宣布"婉辞国代联署提名"。事后多方证实，关键在前一晚时任台湾省议会议长蔡鸿文拜访林洋港，力劝林"不要被这些老国代利用"，否则会被视为"台奸"云云。

林洋港退选之后，蒋纬国本来要坚持到底，但到3月15日传出消息，李登辉将策动一些民进党员包围士林官邸胁迫宋美龄。当天下午6点，蒋纬国决定不选了，并连夜与滕杰、丁中江等人商量撰写"停止征召声明"，次日上午9时，在台北市杭州南路助选总部发表。

3月22日，李登辉、李元簇当选地区正副领导人。

4月30日，立法机构通过一个由陈水扁领头的提案，声请"大法官会"解释：第一届"中央民意代表"已不符"国民主权原则"，在"宪法"原意上有疑义云云。当时立法机构仍在国民党控制之中，该案能迅速通过，不用说就是李登辉串通陈水扁的杰作。该案提到司法机构后短短两个月即完成"第261号解释"，规定老民代应在1991年12月31日终止职权。

李登辉执意要改变地区领导人选制

1991年底，所有第一届"国大代表"退职后，"国民大会"进行全面改选，选出第二届"国民大会代表"。

1992年3月，第二届"国民大会"临时会召开前夕，李登辉指示在党内组成"修宪"策划小组，由李元簇出任总召集人，研拟新的选举办法，名列国民党不分区第一名的"行政院副院长"施启扬，以及第二名的"陆委会副主委"马英九，分别出任研究组的正、副召集人。

施启扬与马英九一直以为李登辉倾向委任直选制，也就是选民先投票选出"国代"，"国代"再投票选出同党籍的地区领导人。但就在3月中旬，国民党"十三全三中全会"召开前夕，李登辉突然以深入基层、了解民间要求直选为由，透露政策转向的讯息，造成主流派、非主流派再度对峙。

3月14日，国民党"十三全三中全会"上，"委任直选派"气势如虹，获得暂时性的胜利。

许历农承认，他在三中全会召开前曾力主委任直选。1992年4月29日晚间，丘创焕在"退辅会"百寿堂请了十几位"国大代表"，他们同时也是"国策会"的会员，他还请了黄复兴党部三个人，许历农当时是国民党中常委、黄复兴党部主委，所以被邀请参加，另外两位是李焕和张豫生。

他们当晚谈的结果是要贯彻中央指示的三原则：（1）不提出选民直选或委任直选案，（2）"行政院长"副署权可以讨论，但不能通过，（3）三中全会和中常会所决定的"修宪"条款，不要再节外生枝。

许历农反对直选有两理由：

第一，选民直选会带来很多困扰。有前例证明，县市长选举落败的一方曾包围县政府、砸烂选务所，假如是地区领导人选举，岂不更严重？台湾难道要变得跟菲律宾、韩国一样，每逢选举就会出乱子？

第二，选民直选可能会导致台湾走向"独立"，大陆一定不会袖手旁观。

当时有人说许历农有"外省人的政治危机感"，他则认为"我有的是国家的危机感，民进党人现在已经不承认'中华民国'，当选'总统'后，更不会承认'中华民国'；我忠于中国国民党创党总裁的遗训。而且，李登辉当时还未公开主张公民直选，我不认为我的做法跟中央的意志有何不同。"

李登辉眼看苗头不对，立刻使出缓兵之计，但他从未放弃直选案，在他逐渐巩固了国民党内的领导权，也历经整整两年的讨论与酝酿，第二届"国民大会"终于1994年7月29日三读完成"增修宪法"程序，确立地区领导人选举方式改由"自由地区人民"直接选举之，并且自1996年开始实施。李登辉从此开始为当第一位"民选"地区领导人做准备。

何以认清李登辉是"台独"

过去 20 多年来，很多人问许历农："为什么在李登辉还一再公开否认他是'台独'时，你就认清他的'台独'本质？"他说："这是因为 1988 年在我担任'退辅会主委'时，被遴选为国民党中常委，我每周在中常会上与党主席李登辉面对面地开会一次；1993 年 3 月又出任'国策顾问'，我有很多机会近距离观察李登辉这个人及其路线。"

李登辉刚开始执政时，为了安抚人心，口口声声说他是蒋经国的接班人，1990 年为了因应时势所需、哄骗大陆，成立了"国家统一委员会"，次年通过"国家统一纲领"，但他在逐渐掌握了党、政、军、情、警的权力后，就愈来愈没有顾忌，逐步大胆走上"台独"之路。这一点李登辉自己后来也承认。

许历农从以下几件事情看出李登辉的"台独"倾向，而大多数人则是看了 1994 年 4 月 30 日李登辉与司马辽太郎的谈话《场所的痛苦——身为台湾人的悲哀》，才慢慢看清楚李登辉的真面目，但又因职务在身，不敢挺身而出公开反对他。

第一，1990 年 4 月的"国是会议"，李登辉曾向当时在美国的彭明敏发出"言辞恳切的邀请函"。1992 年秋天李登辉要求行政机构负责人李焕让彭回台，李焕跟李登辉说"彭明敏是通缉犯，他回来必须经过司法审判"，李登辉听了很不高兴，立即下令撤销对彭的叛乱通缉令，并坚持让一大批海外异议人士回来。

海外异议人士回台后，李登辉立即召见他们，并在他们面前讲"'独立'是只能做不能说；统一是只能说不能做"。许历农听到这句话后，曾在国民党中常会上直接跟李登辉说："是不是'台独'，不是看一个人怎么说，而是要看他怎么做"。

第二，"一个中国"在两蒋时代，乃至于李登辉执政初期，两岸都没有疑义，不须做任何解释。1972 年 2 月 28 日中美共同发表《上海公报》："在台湾海峡两边的所有中国人，都认为只有一个中国，台湾是中国一部分。"台湾方面当时对《上海公报》的这一点并没有提出反对意见，只补充说："台湾是中国的一部分，大陆也是中国的一部分。"而且，"国家统一纲领"也特别强调"在一个中国原则下，以和平方式解决一切争端"，该"纲领"经国民党中常会通过。

不过，1992 年国民党籍高雄市选出的"立委"陈哲男（后加入民进党），公然在"立法院"提出"一中一台"，许历农和李焕、郝柏村、沈昌焕在国民党中常会上，立即提出严正驳斥，要求李登辉处理。

　　李登辉随即裁示说，"一个中国"意义含糊不清，交"中央政策委员会"研究。许历农当时想李登辉已经当了四五年地区领导人、中国国民党主席，居然不清楚"一个中国"，还要去研究，实在莫名其妙，但也只能无奈接受。

　　嗣后，政策会研究并提交"国统会"，1992 年 8 月 1 日"国统会"第八次会议通过"关于一个中国"的含义，但整个事件已让许历农看穿李登辉的居心叵测。

　　第三，李登辉在国民党中常会提出要冷冻三民主义：废教，各级学校不再教三民主义；废考，公务员考试及各级学校入学考试不再考三民主义；废名，各大学及"中央研究院"三民主义研究所一律更名。许历农立即提出反对意见。

　　李登辉说"三民主义思想已经过时"，许历农说"某些话可能过时，但其基本精神没有过时"；李登辉说"三民主义没有好老师教"，许历农说"可以找到好老师"。无奈当时全体委员均保持沉默，连教育部门负责人毛高文都不敢讲话，李登辉最后以"只一人反对"，才通过施行。

　　许历农记得在会上，有一个人赞成他的意见，那是刚从日本回来的"驻日代表"许水德。许水德到现在还常跟许历农说，"你当年反李登辉，只有我一人支持你哦"，但许历农知道许水德并不是支持他，而是他前一天晚上才从日本回来，还没进入状态。

第四，李登辉一直在暗助民进党。1990 年第二届"国民大会代表"选举之前，民进党把"台独"主张列入民进党纲，一时群情哗然，将该案交付"行政院政党审议委员会"去审理，经该会多次集会审查，多数"委员"都主张撤销民进党，而且民进党自己也有心理准备，曾公开表示如果被撤销，就改个名字再重新登记。

就在这个关键时刻，李登辉突然指示，把这个案子交给当时尚未成立，甚至没有法源，没有组织构想的"宪法法庭"审理。后来，经"国民大会""修宪"，"立法院"通过"宪法法庭组织条例"，"宪法法庭"才在两年后成立，但"台独党纲"的处理依旧石沉大海，不了了之。原来李登辉指示把民进党"台独党纲"交"宪法法庭"处理，根本是障眼法，借以拖延时间，掩护民进党"台独党纲"过关。

1992 年，许历农看李登辉处处袒护民进党，忍不住在中常会对他说："你讲政党政治我同意，政党政治的意义在于两个或两个以上政党，在平等的基础上公平相互竞争，但问题是我们唯一的反对党，要成立'台湾共和国'，如此以消灭'国家'为目标的政党，相信任何民主国家都无法接受，也是非常危险的。"

李登辉回答说："民进党像小婴儿，我们要给他一点奶水，让他长大。"

李登辉不但对民进党的"台独"主张一再纵容，甚至还相互呼应。譬如他接见民进党的民意代表时，有人提出"台独"主张，他说："统一只是说说而已，其实我心里想的和你们一样。"

又譬如，他在接见民进党前主席黄信介时说："统一只可以说不可以做，而'独立'只可以做不可以说。"难怪黄信介出来后对记者高喊着说："李'总统'英明、李'总统'伟大。"

"国民大会"有"台独"倾向的代表在大会上向李登辉提出"台湾独立"的建议，李答复说："不要冲太急、不要冲太快，慢慢来。"

"世界台湾同乡会"是"台独"的海外大本营，李登辉不仅让他们到台湾来开会，而且在开完会后还在自己办公室接见他们。他们向李提出"台独"主张，李的答复也是"慢慢来"。

1993 年 10 月 4 日，李登辉说："国民党今天已经是台湾地方化的新国民党，这间老店已经换装，卖东西、服务的人都不一样了。"这等于公然否定国民党的历史传承。

面对李登辉愈来愈向"台独"倾斜、国民党党魂已

经变质，许历农感到痛心疾首，又没法纠正他，只好开
始思考脱离国民党。

李登辉的真面目终于暴露

半年后，李登辉终于在他与司马辽太郎以"生为台
湾人的悲哀"为题对话时，露出了真面目。

1994 年 3 月 30 日，李登辉与日本反华作家司马辽
太郎在其官邸倾心长谈，前后长达 6 小时，全部使用日
语对话，原文刊载于 5 月 5 日出刊的《朝日周刊》《自
立晚报》后刊载了中文译本。据说发表之前，原稿曾呈
请李登辉三次核校。

许历农曾经把李登辉访谈的内容，归纳出以下几个
重点：

（1）"中华""中国""中国人"都是含糊不清的名词；

（2）过去学校都在教一些大陆上的事情，这真是荒
谬的教育；

（3）以前只准说中国话，不准说台湾话，我现在带
头说台湾话，非如此做不行了；

（4）我最近已不在乎如此说了，国民党也是外来政
权，只是统治台湾人的一个党罢了，所以我必须把它变
成"台湾人的国民党"；

（5）在 22 岁以前是日本人；

（6）殖民时代日本人留下的东西很多；

（7）因为内人受过日本教育，善于持家，所以我可以安心工作；

（8）想起"二二八事件"，结论就是出埃及记，已经出发了，摩西和人民今后都有得拼了。

许历农认为，该篇谈话充分暴露了李登辉媚日、反华、"台独"的心态，使原来不相信李登辉是"台独"的人，也开始认清楚他的真面目，可惜不少政坛人士因舍不得放弃职务，并未立即公开反对李登辉，导致李登辉能一步步走上"台独"之路。

对"台独"分子而言，"生为台湾人的悲哀"让他们彻底地认识到李登辉的心意，有人甚至说这篇谈话可作为"台湾共和国"的"独立宣言"，这也促成了民进党与李登辉之后进一步勾结。

第五章　退出国民党，加入新党

开记者会宣布退出国民党，加入新党

许历农在认清李登辉的真面目后，就不想留在中国国民党了。他先仔细观察了刚刚成立的新党，想确认新党确实符合国民党的创党理念。

1993 年 9 月 1 日，许历农在《新连线通讯》第五期发表了《我看新党》一文。文中表示，他对于国民党内青年才俊自立门户成立新党，起先也很激动，但后来想想，也就坦然了。因为，中国国民党从孙中山先生创立兴中会以来，名称曾经有过很多次的改变，从兴中会、同盟会、国民党、中华革命党，到中国国民党，每个阶段更改党名，都有它的历史背景与原因，基本上都是革命事业遇到重大关键的变化。最明显的例子，是当年袁世凯窃国，国民党内忠贞同志受到排挤、打击，甚至被暗杀，而多数党员或不明是非，或趋炎附势，或噤不敢言，中山先生只带了极少数同志逃亡日本，重组"中华革命党"提振党魂。是时国民党几乎已被袁世凯收编，排除殆尽，但民心所向莫之能御，终于发动二次革命，推翻袁氏，然后再改名为中国国民党。从这一段历史来看，党的名称不重要，重要的是革命精神的正统是不是能够延续。

他接着表示，新党人士在理念上秉持了国民党的正统精神，他们反对金权腐化，主张小老百姓的利益至上；他们反对分裂国土，以国家认同为诉求，以国家统一为目标，这都是多数民众，尤其是老兵弟兄共同的想法。因此，他对新党人士选择另外一条救国救民的途径，不仅乐观其成，也希望大家一起来关心、灌溉，让新党能茁壮成长。

两个多月后的 11 月 24 日，是新党第一次提名候选人参与县市长及县市议员选举投票日的前三天，也是中国国民党 99 周年党庆当天，许历农召开记者会，宣布加入甫成立不久的新党，并发表《大是大非——我的痛苦抉择与崭新希望》声明，震撼了全台湾。

许历农在记者会上及声明里，说明他退出已有 54 年党龄的国民党的理由是：国民党已经丧失了党德、党魂，不但成为与财团挂钩的利益团体，而且日益与民进党暗中合作，已经完全变质，不再是孙总理所创的那个国民党了。他认为，如果他再留在这个愈变愈像"台独党"的"国民党"内，反而是"叛党"了。因此，为了忠于自己的良知，为了忠于孙总理的创党理想，他不得不退出国民党。

他解释为何加入新党："新党虽然名称不同，却是真正继承国民党香火的正统国民党。"因此，他退出"挂羊头，卖狗肉"、变质的"国民党"，不但不是"叛党"，反而是"忠臣"，是为了"保全晚节"，不愿做"台独党"的党员，才做出这一痛苦抉择的。

他最后表示：

公开谴责我脱党的人，我会同情他们的环境。

对公开支持我加入新党的人，我会赞佩他们的勇气。

如果脱离国民党有任何错，那是"错在心中只有国"。

如果参加新党有什么对，那是"对在心中没有私"。

一个远离政治是非的老兵，不是负气出走，而是含着泪走出一生奉献的家门。离开这个挂羊头卖狗肉、业已变质的党，所追求的亦只是中山先生手创国民党所一直标示的大是与大非。

许历农旋风横扫北台湾

许历农的转变，在台湾政坛当时确实造成不小的震撼。11 月 24 日的三家晚报，几乎都以头版、二版与三版的全版或大部分版面，来报导这一新闻。25 日的《联合报》，以头版、二版与三版做深入的报导与评论，《中国时报》所用的篇幅也差不多。连偏"独"的报纸，也用一版或两版的版面来处理这一则新闻。

许历农投入新党，对眷村与老兵的票产生了不小的影响。新党推出的县市长候选人或结盟者，台北县的李胜峰、桃园县的黄木添与新竹市的谢启大，在一夜之间声势上涨。许历农也随即为新党展开助选活动，穿梭于台东、台北、桃园与新竹各地。

11 月 25 日晚间，阴雨不停，新党在桃园大溪员树林小学操场，举行"新党问政说明会"，群众冒雨赶来，挤在操场临时搭盖的棚帐内聆听演讲，由 7 时至 10 时半，一直保持着热烈气氛。许历农于 9 时冒雨抵达现场，当时全场起立，鼓掌声夹杂着"许老爹好！""许老爹万岁！"欢呼声，经久不息。一群群老兵流着泪跟他争相握手，家庭主妇与小女孩挤上前来献花，当他致辞时，几乎每句话都得到掌声。

11 月 26 日上午，新党在台北市耕莘文教院又为许历农办了一场"我的心路历程座谈会"，现场又是水泄不通，不断响起欢呼声。因为许历农所带来的振奋，新党县市长及议员选举中初试啼声便成绩不凡，光是台北市，就当选了 11 席市议员。

1996 年地区领导人选举及第三届"国大代表"选举

鉴于李登辉在任内（1992—1996），毫不掩饰地显露其"台独"立场，特别是 1994 年 4 月，台湾报纸刊登了他接受日本司马辽太郎的访问全文，大家总算弄清楚，原来他口口声声说自己不是"台独"都是假的，而且作为中国国民党主席，他居然认为国民党是外来政权，要把它变成"台湾人的国民党"，因此国民党内反对他继续连任的人愈来愈多。

1995 年 5 月 7 日，许历农在新同盟会一周年庆祝大会上，公开呼吁李登辉不要再竞选连任，郝柏村、梁肃戎、蒋纬国也在致辞时，批评李登辉"叛党祸国"，现场气氛热烈，不少与会者甚至激动落泪。

同年 8 月，新同盟会公开发表声明，呼促李登辉放弃竞选。当然，李登辉未听劝，执意为他的"台独"梦做进一步的打算。

1995 年 9 月 1 日，李登辉提名连战为竞选搭挡。民进党推彭明敏、谢长廷出马竞选地区正副领导人。眼看国、民两党候选人都是"台独"，许历农和非主流派认为 1996 年"大选"，应该在国民党、民进党之外，另推一组候选人。

几经讨论，大家公推林洋港、郝柏村搭配竞选地区正副领导人，这个想法立即获得新党的支持。大家决定不论胜负，要好好打一场选战，把台湾不能走向"独立"的道理讲清楚，当时也有不少统派团体主动出来支持"林郝配"。不料，陈履安也执意要出来参选，并找了王清律师做副手，造成 1996 年有四组人马竞选。

1996 年"大选"与第三届"国大代表"选举同一天举行。由于许历农被新党提名为"国大代表"不分区第一名，他在 1996 年 1 至 3 月短短两个月内，马不停蹄地奔波在全省各地，为竞选区域"国大代表"的新党候选人拉票，也同时为林郝造势，有时一天要跑好几场，而当时还没有高铁，不像现在这么方便。

许历农记得 3 月 19 日，他出席了桃园巨蛋林郝造势活动，3 月 21 日出席了在凤山中山纪念馆举办的林郝及新党"国代"候选人的造势晚会。3 月 22 日选前最后一夜，林郝竞选总部及新党举行了"送阿港伯进总统府"盛大造势晚会，他和蒋纬国、武士嵩三位将军向黄复兴党员催票，现场挤得水泄不通。活动结束后大家还久久不愿散去，许历农心里希望老天能保佑台湾，奇迹能够出现。

不过，第二天开票结果，林郝只得到 160 余万票（16%），排名第三，许历农心中虽然失望，但想到他们以极有限的资源经费，在极短的时间内能挑战国、民两党，也算是打了一场美好的战役。

新党则在"国大代表"的选举开出好成绩，获得 13.8% 选票，当选了 46 名"国代"，从此奠定了新党是台湾第三大政党的地位。

对新党始终寄以厚望

新党成为台湾第三大党后，不论在"立法院""国民大会"或台北市议会，都发挥了制衡的功能，可惜在发展过程中发生过几次内讧，气势每况愈下，公职人员愈来愈少。许历农曾于1999年8月在新党全委会就此问题做过分析，他说以下几点是新党气势不振的主要原因：

（1）新党公职人员甚多当选得很容易，选后疏于与选民联系，未认真做好选民服务。

（2）新党公职人员多半年轻气盛，每因选举是非、个人恩怨发生内讧，并多坚持己见，斗得你死我活，自伤元气，让社会大众认为新党不团结。

（3）1998年年底县市长、县市议员提名不当，该出头的不肯出来，不可能当选的人却强硬出头，使选民及新党支持者失望。

（4）顾忌太多，该说的不敢说，该做的不敢做，让人觉得新党理念不清、目标模糊、立场动摇、态度消极，令支持者大感失望。

不过，他也表示，新党公职崇尚公义，唾弃金权，反制黑道，这在从李登辉执政以来已逐渐走向金权黑道结构的台湾社会里，本来就很难生存发展。他相信，只要新党同仁痛定思痛，彻底检讨，痛改前非，再做几项重大决定或活动，重新赢回民心与支持者并非难事。

许历农始终认为，台湾反"台独"的大旗是新党树立起来的；反李登辉的战鼓是新党最先打响的；而且，基本上，新党的创党精神与基本立场从来没有改变。正因为他不希望新党消失于政坛，2001 年 11 月他接受了新党"立委"不分区第一名的提名，决心助新党一臂之力。可惜 12 月 1 日，第五届"立委"选举，新党得票率未过 5% 政党门槛。

2002 年 8 月 22 日，新党举行 9 周年党庆，他在致辞时说，这一生最得意的是"在那关键时刻，毅然跳出国民党，加入新党"。他以新党大陆工作委员会主委的身份宣布，新党的大陆政策是"大陆和台湾共同奉行领土共有、主权共享的一个中国"。他并引用了一首古诗代表他的心情："万山不许一溪奔，拦得溪声日夜喧；到得前头山脚尽，堂堂溪水出前村。"

2017 年 8 月 21 日，许历农出席了新党 24 年党庆，在致辞时说："我是新党的见证人，今天要跟大家见证三件事情。"

第一，新党一路走来，贯彻孙中山先生及中国国民党的正统思想及正统精神，这个党不是"只有两岁"的国民党，也不是"不统不独不武"、迷失方向、没有方向的国民党。

第二，新党郁慕明主席有智慧，有毅力，有勇气，他在惊涛骇浪中，把握住方向，带领新党迈向成功，迈向光明。

新党创党即将满 25 年，许历农一路走来都是新党的精神领袖，目前还担任新党全委会顾问。

第六章　创立新同盟会

新同盟会筹备经过及成立宗旨

1993 年 5 月，许历农和郝柏村、李焕、蒋纬国、梁肃戎等五人找到台北市青岛东路 62 号的顶楼，作为筹备新同盟会的办公室。经过将近一年的酝酿，特别是在许历农脱离国民党，加入新党后，筹备工作加快了脚步。

1994 年 2 月中旬，新同盟会召开第一次发起人会议，由梁肃戎主持筹备会议，有学术界与地方政界人士五六十人参加，公推郝柏村为精神领袖，完成发起人签署申请设立文件，旨在作为国民党的意见团体。消息传出，对国民党及台湾社会造成不小的震撼。

2 月下旬"新同盟会筹备会"成立，筹备委员共 28 人。公推许历农为主任委员，随即依据"人民团体法"起草会章，历经四次筹备会议，展开各项筹备工作。

会章总则第二条标明："本会效法国父孙中山先生创立中国同盟会之救国精神，为超党派之组织，以实行三民主义、维护五权宪法、促进国家统一为宗旨。"

会章第 4 条列举"本会现阶段积极任务"，彰显新同盟会同志的共识：

1. 维护"宪法"尊严，捍卫"国家主权"。
2. 反对"台独"言行，粉碎"独台"阴谋。

3. 追求民主改革，推动公平法治。

4. 改善政治风气，树立诚信原则。

5. 结合民意动脉，辅助竞选公职。

6. 传播正确资讯，伸张学术良知。

这个宗旨明显把新同盟会从国民党内的一个次级团体，向跨党派的政治团体方向迈进。在向"内政部"依法申请的过程中，官方曾不予以核准，经筹备委员向有关单位据法力争，再与"内政部"有关部门协商修订会章部分内容后，"内政部"终于4月7日函覆批准新同盟会成立为政治性团体。

当新同盟会正式提出申请登记的消息传出，立即受到海内外广大爱国同胞的鼓励和支持，申请入会的函电如雪片一般飞来，解囊相助的也为数可观，使得有限的工作人员不分昼夜，忙得喘不过气来。

1994年5月8日上午，新同盟会在台北圆山饭店盛大举行成立大会，会场涌进一千多人，其中郝柏村、李焕、蒋纬国、梁肃戎、赵耀东、陈守山等人最受瞩目，新党的"立法委员"赵少康、王建、郁慕明与李庆华前来祝贺，而林洋港、刘松藩、丘创焕、连战等都送来匾额，题词颇具深意。主席台上高挂"护宪救国"四个大字，气氛庄严浓烈，成为电子与平面媒体竞相采访报导的焦点。

大会压轴大戏便是选举，经过 600 多位出席会员投票，选出 35 位执行委员，7 位监察委员，并一致推举许历农为首届会长，台大教授陈志奇与退役中将徐静渊为副会长，另通过聘请郝柏村、李焕、梁肃戎、蒋纬国、赵耀东、楚崧秋、夏功权、刘兆田、陈燊龄、王友钊、欧阳勋、刘璠、陶涤亚、张剑寒、杨日旭、郎裕宪等 16 人为指导委员。

成立大会上，全体起立通过新同盟会会章及《新同盟会成立宣言》，宣言指出台湾正面临着"国家分裂的危机、地域隔阂的情结、宪法存废的关头及文化衰落的征兆"，主张"依据民族主义，反对'台独独台'，追求国家统一"，"依据民权主义，反对专制特权，追求民主改革"，"依据民生主义，反对垄断资本，追求民生均富"。并指出要本着爱国的良知，面对历史的责任，挺身而出，义无反顾地奉献出爱国救国的决心与热诚。

会中也通过年度工作计划，规定每月举行一次演讲会、一次座谈会，每半年举行一次学术讨论会及海外说明会，发行刊物，筹设广播电台与推动两岸文教经贸交流活动等等。

努力扩展组织 举办"国是讲座"

新同盟会成立后没多久，即于 5 月 22 日在台北举办首次"国是讲座",主题是"李登辉执政七年的功与过"。闻讯与会者挤满楼上楼下,约有2000人之多。许历农也借此机会完整地表述了他退出国民党,加入新党,成立新同盟会的理由。

新同盟会成立后的第一年,秘书处完成了各方面的部署,又在大多数县市设立了分会,尤其注重本省年轻人的参与。许历农强调新同盟会要与时俱进,要多引进本省年轻人,并给予他们访问大陆的机会,使他们能实地了解大陆,消除两岸之间的隔阂,增进他们对中华民族的认同。

过去20多年,新同盟会除继续出版由几位学者于1992年7月开始发行的《国是评论》月刊,并每两周举办一次"国是讲座",邀请学者专家批判时政,阐述海峡两岸关系的正确方向与未来展望,地点差不多都在台北市长沙街"国军英雄馆",每次到场听讲的都有三五百人。许历农在2015年卸任前,除非出境或身体不适,都会亲自主持讲座。

1995年5月7日,新同盟会在台北市一女中礼堂举办一周年庆祝大会,由于会场邻近"总统府"与司法大厦,也由于当天有逾万人到场庆祝,受到当局高层与治安单位的高度关切。

许历农在会上发表了《青天白日,永照寰宇》的宣言，并在致辞中痛斥，中国国民党自李登辉主席继任以来，公然倡言百年老店大清仓，排除异己；废弃赖以建党建国的三民主义，视百岁国民党为外来政权；自称国民党只有两岁，败坏党德；领导与财团勾结，与黑道挂钩；视贿选为理所当然，横行霸道，肆无忌惮，搞得政治在乱、经济在乱、社会在乱、治安在乱，显然不宜再竞选连任，我们要团结起来，以选票同其抗争！

郝柏村、梁肃戎、蒋纬国等数十位大老亲自莅会祝贺，并发表措辞尖锐的谈话，其他现职党政要人因政治因素未便出席，但也纷纷致电祝贺，表示他们不便出席的"难处"。一女中大礼堂人挤得满坑满谷，旗帜飘扬，锣鼓喧天，批判李登辉"叛党祸国"的口号此起彼落，还有很多人激动落泪。

同年8月初，"台独"集团举办游行，狂呼"中国猪滚回去"，恶劣挑衅省籍族群。新同盟会决定于8月13日，对日抗战胜利纪念日的前夕，举办庆祝抗战胜利50周年及台湾光复50周年的"我是中国人大游行"。筹备工作只有短短一周，但各界反应出乎意外的热烈。

当天游行队伍于上午9点由中正纪念堂出发，许历农虽然身体不舒服仍抱病带队，男女老少，浩浩荡荡，往中山纪念馆行进。据统计，包括沿途陆陆续续加入的群众，至少有8万人之多，这是台湾数十年来声势阵容最壮大的一次反"台独"大游行，岛内外新闻媒体都有显著播报。

继大游行后不久，新同盟会又于 8 月 22 日公开发表声明"为台湾 2100 万人民请命——吁促李登辉放弃竞选"，驳斥国民党"第十四全大会"搞当年为袁世凯当皇帝的"筹安会"丑恶把戏，并呼吁"民主政治，以民意为依归"，"得民者昌、失民者亡"，人民的眼睛是雪亮的，无不希望李登辉以"国家民命"为重，放弃竞选。不过，李登辉没有听劝，1996 年 3 月 23 日当选"第一届民选总统"，在任内更大力推动"台独"。

1999 年 7 月，李登辉公然提出"特殊国与国关系"，许历农立即发表谈话称："这项宣示（两国论）是以'中华民国'的名号包裹'台独'，以'台独'包裹'中华民国'，严重破坏现有的'法统'。如果照李登辉的说法，那么不但'两岸人民关系条例'和'国家统一纲领'要修改，连'宪法'也要改变。1992 年 8 月 1 日，'国家统一委员会'通过的'国家统一纲领'，明确宣示'中华民国'的治权虽不及大陆，但'主权'仍涵盖大陆，李登辉的'两国论'等于放弃了这项统一目标，直接宣布'台独'。"但李登辉不听劝告，导致两岸关系更加严峻。

反制陈水扁搞"台独"

2000 年"大选"，许历农研判李登辉之所以提名连战，而排斥连宋（楚瑜）配，居心有三：（1）就是让连战当选后继续走他的"台独"路线；（2）提名当选概率较小的连战，无异为陈水扁放水，搞"弃连保扁"的勾当；（3）排拒连宋联手的毒计，就是要分裂或瓦解国民党。

为了拆穿李登辉这见不得人的恶毒阴谋，许历农在大选前的 2 月 25 日，特公开致函全体会员与会友，呼吁"我们再也不能忍受李登辉的路线，所以我们绝对不能用选票支持李登辉路线的继承人"，并点明宋楚瑜是反李登辉路线的候选人，应予以支持。果然，3 月 18 日，陈水扁在李登辉的护航下当选了，有"台独党纲"的民进党第一次在台湾执政。

陈水扁当选后，先在就职典礼上宣布"四不一没有"，2001 年又虚心假意搞所谓"联合政府"。但许历农看穿他的真正用心是试图招降纳叛（针对国民党、亲民党与新党），串联黑金与政治次级团体，丝毫不尊重"宪政体制"及"国会"多数。而当时在野的国、亲、新三党虽有所谓"泛蓝军"之名，实则各自为政，各吹各的号。许历农带领新同盟会挺身而出，大声疾呼国、亲、新三党应通力整合，发挥对民进党政权最大的制衡力量。

2001 年 5 月 26 日，许历农在新同盟会座谈会上强调，年底"立委"选举，泛蓝阵营一定要维持在"立法院"稳定的多数。与会者把会场挤得水泄不通，泛蓝各个阵营亦派员到场致意并纷纷表示，唯有全面整合，才能发挥最大制衡力量。年底"立委"选举，泛蓝维持了"立院"的多数。

在 2002 年陈水扁公然提出"一边一国"、又大搞"公投自决""正名制宪"后，许历农更痛下决心要撮合分裂的连战和宋楚瑜，希望在 2004 年"大选"时，国民党能以一组人马参选；另一方面他又领导统派团体联合反对陈水扁"台独"政权，在全岛各地奔走呼号，而被陈水扁公开诬指他在搞"柔性政变"。

2004 年 11 月 4 日，台湾高等法院正式就连宋提出的"当选无效之诉"宣判，连宋败诉，陈水扁当选有效。11 月 14 日，陈水扁在台北县"立法委员"选举造势大会上，公开指称连宋于 3 月 20 日选举后，以发动军事将领请辞或告假方式，进行"七日政变""柔性政变"。19 日，陈水扁又在新竹县"立委"造势大会上指，"柔性政变"的主角是许历农与蒋仲苓，并说中国统一联盟网站鼓吹军人拿枪冲进"总统府"。12 月 4 日，许历农在中国统一联盟召开的"民主已死，抗议陈水扁诬陷栽赃记者会暨演讲会"上，指责陈水扁胡言乱语。

光荣卸下会长一职

许历农很早就希望把会长的位子交出去，但会员及所有工作人员一直不同意，他只好连续做了 21 年的会长。2015 年在新同盟会召开会员大会前，许历农再度表达了他已下定决心非卸任不可，大家只好尊重他的意见。

7 月 11 日，新同盟会召开第七届代表大会，许历农在致辞时说："美好的仗我已经打过，此生无憾，愿为新同盟会永久志工。"会上选出原常务副会长陈志奇接任会长，许历农则担任该会的名誉会长。

卸任后至今，只要身体状况许可，许历农都会以名誉会长的身份出席会议，并发表讲话。

许历农之所以会说"美好的仗我已经打过"，主要是他在担任会长 21 年期间，对新同盟会的各项工作确实已尽了力。

（1）新同盟会的"国是论坛"，他主持了将近 20 年。新同盟会每一年在春节过后皆会举办新春团拜，这成为统派的一大盛事，也是蓝营候选人选前造势的好机会，因此，每一年新春团拜，会场都挤满了来自各地的

会员、学者专家、退役将领、民意代表。宋楚瑜曾于
2000 年与会，马英九及吴敦义于 2014 年以地区正副领
导人身份连袂出席，国民党主席洪秀柱更多次参加。

（2）新同盟会各地分会成立时，他都亲自前往祝
贺，分会每一年的新春团拜他也一定前往参加，并发表
谈话，鼓励各地会员多了解大陆现况及两岸关系。

（3）曾亲自多次带领总会及各分会的参访团赴大陆
访问。

（4）督导《国是评论》如期出刊。

（5）只要有统派团体发起反"独"促统联合行动，
他总是身先士卒，带领新同盟会认真参与。他也亲自主
持了多场纪念"七七"及台湾光复节的大型活动。

另外，岛内"台独"气焰益形高涨，刺激了海外
华人风起云涌的反"独"促统运动。尤其，2000 年后，
中国和平统一促进会纷纷在各地成立，经常举办各种
反"独"促统大会，蔚然形成继辛亥革命、抗日战争之
后的第三波全球华人团结救国运动。许历农为不负海外
华人的期望，几乎每请必到，他先后参加了在香港、柏
林、东京、莫斯科举办的全球反"独"促统大会，并发
表重要讲话，呼吁各国的华侨、华人团结起来，致力于
国家统一大业。

第七章　担任第三届"国民大会代表"

出任新党"国大"党团召集人

1996 年 3 月 23 日，新党在第三届"国民大会代表"的选举中，得票率超过 13%，有 46 人当选，许历农为新党不分区第一名。

选后，新党的公职人员增加到 92 位，而"国大"党团成为新党的最大一个党团。然而，面对第三届"国大"，仅占七分之一强的新党代表（全数为 333 席代表，185 席国民党，民进党 99 席，其他为 3 席），要在人事同意权的行使（需二分之一同意），以及"修宪"（需四分之三同意）上，发挥"关键少数"的力量，力挽狂澜，并不简单。更何况，1996 至 2000 年，国民党主席李登辉已从"暗独"走向"明独"，与民进党公然勾结，这使新党的处境更为艰难。

同年 5 月 10 日，新党"国大"党团第一次开会，许历农以全票当选为第一次会议的党团召集人。他当选后立即任命五位副召集人：纪欣（兼发言人）、李炳南、汤阿根、曲兆祥、林忠山，也立即成立党团办公室，积极地展开各项准备工作，以因应第一次大会的正副议长选举以及"考试院""监察院""大法官"的人事同意权行使。

因执政的国民党希望正副议长选举及人事同意权能

顺利完成，大会前的多次政党协商对新党相当客气。新党不但争取到在大会中设立"宪政论坛"，由代表们轮流发言、讨论"修宪"的原则及方向，并于大会后由各党派成立"宪政改革委员会"，进行"宪政"改革的研究工作。但国民党拒绝了新党提出"监委""考委"应依政党比例提名的要求，致使"监委""考委""大法官"被提名人仍多为"国王人马"。

第一次会议在阳明山召开后，许历农要求党团每天早上在会议开始前先开党团会议，而他总是第一个到场，最后一个离席。主持党团会议时，他让每一位代表充分发言，如有意见不同、相持不下时，他总以"跟着道理走""有理走遍天下，无理寸步难行"，好言相劝，一直到所有代表达成共识为止。

在"国大"会场上，许历农除了在一年一度的"国是"建言，当面严词劝诫、警告李登辉外，几乎从未上台发言，但他对整个会场的状况充分掌握，也依据各个代表的专长，分别请他们就不同的议题上台发言，表明新党的立场。这种做法不仅赢得新党同仁的肯定，也得到其他政党代表的敬重。

尽管从第二次会议起，许历农不再担任新党党团召集人，但每次党团会议，他总是第一个到场，从头到尾出席，并尽量协助历届的召集人及副召集人。

　　尽管"国民大会"会场经常荒腔走板，但只要开大会，许历农总是端坐在会场。他的出席率不仅是新党第一名，也是全体代表的最高，这可由"国大"历史照片及电子媒体画面为证。不少新党代表为了不让他在会场太孤单，也长时间陪坐在旁。而其他政党代表每次进到会场或离去时，也经常到他面前来道早安、晚安，形成了第三届"国大"的特殊画面。

1996 年在行使人事同意权时发挥制衡作用

　　1996 年 7 月 8 日第三届"国民大会"召开第一次会议，首先上演的是正副议长的选举。基于国民党提出的副议长人选谢隆盛具有黑金背景，不孚众望，又基于维持政党平衡、拉拢在野党的考量，许历农及新党"国代"支持了民进党党团召集人蔡仁坚参选副议长。蔡仁坚最后虽未当选，但新党释出的善意在第一次会议达到三个目的：（1）让民进党在多次政党协商时，与新党站在一起；（2）在人事权行使上，共同发挥了一些去芜存菁的作用；（3）部分民进党代表连署了新党代表提出的人权、离岛权益等"修宪"案，使该些提案能过四分之一的提案门槛。

　　接踵而来的人事权行使，带给新党党团极大的压力。新党代表大多数曾为国民党党员，与被提名人均为旧识，就算不直接认得，被提名人也总能找到师长朋友前来说项。但许历农坚持以新党整党的立场为立场。

由于媒体及新党支持者对于党团的立场高度关切，党团最后决定不采开放投票，以免无法掌握投票结果。尽管如此，开票后，仍有媒体报导新党跑票，所幸未遵守党团决议的极少数几位代表，事后向许历农坦白承认，解除了党内不必要的猜疑。

反制 1997 年第四次 "修宪"

一、国、民两党在"国发会"上勾结联手"修宪"

1996 年 5 月 20 日，李登辉就任第一届"民选总统"。6 月 18 日许信良当选民进党第七届党主席，当晚即夜奔敌营，到李登辉办公室与其相见。李许会后不久，就传出国、民两党要联手推动体制外的"国家发展会议"（下称"国发会"）。

有 170 位"国大代表"出席了 1996 年 12 月 23 日至 28 日召开的"国发会"，表面理由是要就"宪政体制"与政党政治、经济发展、两岸关系等三个议题进行研商，骨子里却是国、民两党有志一同要"冻省废宋"。

在李登辉、许信良的操弄下，"国发会"正式召开前，22 项共识早已在台面下达成，民进党要的是"废省"，国民党要的是取消"立法院""阁揆同意权"，而李、许的共同目标是削弱坐大的宋楚瑜。

李登辉要削弱宋楚瑜主要的原因出在，1994 年 12 月 3 日，台湾唯一一次的省长选举，宋楚瑜得 472 万多票，民进党陈定南得 325 万多票，宋楚瑜的高人气，种下李登辉想"冻省"的动机。

"国发会"上，宋楚瑜被安排在两岸议题组，而非"宪政"议题组，开会时间也故意选在省议会施政报告总质询期间，让他无法分身来台北与会。

12 月 27 日下午，宋楚瑜还是专程北上到"国发会宪政组"列席。他在会议上表示："我们不反对整体检讨，但希望不要只在虚字上讨论，而是要端出牛肉来。"他也提到，"国发会"未邀请省府和省议会人员参会，未能让他们提供第一手资料及看法；连他作为省长，都不能在"国发会"为省府仗义执言，据理力争，至为可惜。但据省府委员林渊源说，宋楚瑜当天发言并未火力全开，令省府人员及省议员感到遗憾。

林渊源在《风骨——林渊源八十谈往》回忆录中指出："宋楚瑜的尊李心态使他不能言、不忍言，也令后来反冻省大作战失了先机。"12 月 29 日"国发会"闭会后次日，报纸以大字刊登许信良说"国发有共识，就是台湾新宪"。

"国发会"结束后，有国、民两党代表要求提早于

1997 年春天召开第二次会议，进行第四次"修宪"，以落实"国发会"的所谓共识。新党"国大"党团发表声明，反对国民党高层在"国发会"上黑箱作业，国、民两党政治利益交换。

二、1997 年第四次"修宪"始末

1997 年 5 月 5 日，"国民大会"在阳明山中山楼召开第二次大会。决定 5 月 14 日到 20 日是一读会，也就是分组审查；6 月 7 日到 7 月 17 日是二读会，也就是大会联席审查；7 月 18 日是三读会，只能修改文字，不能变更实质内容。

根据"国大"议事规则，二读会只要四分之一不支持即可否决，也就是 333 人中只要有 84 人不举手，议案就不会通过。许历农及新党"国大"党团一开始就知道，国民党内有一股反"冻省"的势力，而且实力不弱，要拉到 38 票并非不可能，也就积极与省府委员林渊源，"祥和会"会长陈治男、秘书长吕学樟以及该会会员林正国、陈进丁、黄德鸿、张荣显等代表私下联络，希望用新党的 46 票，加国民党的 38 票阻止"修宪"。不过，李登辉很快就发现形势不妙，决定拉下脸来"御驾亲征"。

据林渊源上述回忆录描述，李登辉为了拉拢国民党籍代表，不仅三天两头赐宴，还不时在中山楼附近军方的青屯一号小木屋约"国代"喝咖啡，动之以情，诱之以利。

6月2日，李登辉派出吴伯雄、萧万长、饶颖奇三人决策小组到中山楼疏通，反"冻省"大将吕学樟、杨荣明等代表痛批国民党迎合民进党的"台独"主张，炮轰"冻省"将带给人民灾难，断绝国民党的根。

6月19日，李登辉在其办公室约见陈志男等人，再三强调没有"冻省废宋"的意图，但双方没有交集。次日，李登辉又把吕学樟等人找去，反复说明"精省不废省"，仍不为接受。

7月7日上午10点，"修宪"二读前夕，李登辉在其办公室约见182位国民党籍代表，重申精简省政府组织的立场，但吕学樟、林渊源先后站起来发言，反对废省。

当时民间反对"双首长制"及"冻省"的声音很大。大会开始不久，重量级政治及宪法学者江炳伦、吕亚力、张麟征等教授，就纷纷上山召开记者会，批评"双首长制""四不像、权责不一"，也对"双首长制"大加挞伐。

有关"废省"，舆论认为三年前才通过"省县自治法"，省长改成民选，当时很多人都大声说"这是民主的一大步"，民选省长就任还未及两年，李登辉就莫名其妙地要废省，弄得大家一头雾水。

不管学界及舆论的反对，国、民两党中央下达命令，务必强行通过第四次"修宪"，又下令对反对"修宪"的新党代表及国民党籍代表不必留情，

二读会从 6 月 7 日开到 7 月 18 日，"修宪"小组送到大会二读的提案共 47 件，加上代表对提案所提出的修正案达 177 案，资料多到无处可放。台上代表就提案内容发言盈庭，台下却是"冻省"及"反冻省"两派人马的合纵连横。

二读会上，为提供两党高层坐地分赃的时间，支持"冻省"的国、民两党代表不顾程序正义，自打耳光地否决了一读会所通过的条文，进行逐条逐项表决，想用偷渡方式以"再付审查"手段，修改原提内容案。

新党代表多次抗议无效，只好于 7 月 1 日"修宪"二读会上，全体上台，以和平方式杯葛议事。不料一些高大壮硕，甚至具黑道背景的国、民两党代表，忽然联手对新党代表拳打脚踢，导致新党五位男女代表当场头破血流，被抬进了医院。

另外，当时国民党中央对于反对"修宪"的党籍代表，不惜以金钱黑道威胁利诱，逼迫他们就范。其中一例，台南县代表杨荣明的媳妇接到恐吓电话说：要你公公立刻下山，否则小心你家小孩的安全，杨代表的媳妇立即打电话给他说，"为了小孩的安全，求求你回来，

否则我只有自杀了",杨代表万般无奈地放弃投票,哭着离席下山。这件事当时媒体曾大幅报道过。

20年后,想起这一段在中山楼上演,长达两个月的"山中传奇",许历农还是悲痛气愤不已。

不过,就因为第四次"修宪"爆发暴力事件,又传出国民党无所不用其极逼迫党籍代表就范,"国民大会"形象大伤,1999年第五次"修宪"通过"延任案",更引起社会哗然,最后终于2000年通过第六次"修宪",将"国民大会"改制为任务型"国大",废除"国大"常设性的建制,一举将"国大"虚级化了。2005年任务型"国大"正式废除了"国民大会"。

借"国是建言"警告李登辉

1996年7月17日,许历农在第一次会议上第一位发表"国是建言"。五分钟里,他要求李登辉维护"宪法",勿再为扩权动"修宪"的脑筋。他也针对李登辉常说"我讲过130多次不搞'台独',大家总是不信",劝诫李登辉:你公开讲"台湾已经是一个主权独立的国家""国民党也是外来政权",也曾私下对某些"台独"人士说"独立只能做、不能说,统一只可说、不能做","其实我心里想的和你一样",这些话怎么能让人相信你不搞"台独"?

最后，他提醒李登辉，抗战期间日军屠杀了千千万万中国人，他既已做了 52 年的中国人，就应该抛弃日本人的历史情结，因为日本人对你个人或许有过小恩小惠，但对全部台湾人则留有血海深仇。

1997 年 7 月 21 日，第四次"修宪"甫结束之际，许历农在第二次会议"国是建言"发表了"停止修宪，整顿治安"讲话。他说，"宪改党（国民党）版"只是几个御用学者，以谄媚的心态揣摩上意，创造出"总统有权无责"，"内阁有责无权"的"混合制"，其实是超级"帝制"。他正告李登辉：

"宪法"不是西装，不能为任何个人量身裁制；

"宪法"不是儿戏，不能随时、随兴、随个人喜怒，而动辄修改；

"宪法"是"国家大法"，不能为任何个人或政党做权宜的政治工具。

他并对国民党"国代"提出呼吁：在进入 21 世纪的前夕，国民党却以 19 世纪的"帝制"心态，主导这样支离破碎的"修宪"，这是"毁党亡国"的步骤，从头到尾没有经过民主程序，也未反映党员的心声，连在中常会都没有真的讨论过，国民党"国代"不该随李登辉起舞。

1998 年 7 月 27 日，许历农在第三次会议"国是建言"中，谈到他与海协会会长汪道涵晤谈所达成的一些共识，并对李登辉提出三点建议。

一、建议追求并完成"一个统一的中国"：加强两岸交流，充分沟通，先求同存异，再化异为同，以消除敌意，建立共识，以求循序渐进，水到渠成。并郑重建议李登辉，认真检讨"戒急用忍"政策，并尽早"开放三通"，以利国家统一大业。

二、统一的脚步不能停滞不前：统一大业不是一蹴而就的，不过我们必须承认时间对我们不利，大陆实力正快速成长，其国际形象与国际关系也逐渐改变，我们必须面对现实，主动加速推动国家统一工作，如再蓄意拖延，一旦筹码尽失，陷入不得不受人摆布的困境，亦将无法面对台湾同胞。

三、"国家命运"不能托付外国的承诺和善意：台湾除了"追求国家统一的目标"，别无出路，国际关系是现实的也是冷酷的，任何国家将其命运托付外国的承诺和善意，都难免悲剧下场。面临美国政府随时可能变脸的严峻局势，今后务必掌握"国家目标"，检讨"外交政策"和大陆政策，以免一误再误，重蹈覆辙。

1999 年 6 月 22 日，许历农在第四次会议"国是建言"，以"为台湾 2300 万生灵请命"为题，郑重向李登辉提出："两国论"严重"违宪"违法。

新党“国大”党团虽败犹荣

在第三届“国民大会”第一次会议召开前，有新党“国大代表”问许历农，我们是要跟着国民党走？还是跟着民进党走？他回答说：“跟着道理走，这并非要道理站在我们这边（那是硬拗），而是我们要站在道理那边。”他当时想新党有46席代表，如果站在国民党阵营，国民党就占优势；如果站在民进党阵营，民进党就占优势，新党人数不多却可以产生关键性的作用。不过，事实证明，新党虽站在道理这边力抗国、民两党，但最后还是无法阻挡李登辉在1997年“修宪”。

第四次“修宪”通过后，很多朋友责备新党“国大”党团没有尽到把关的责任，也有很多人同情地说：毕竟新党人数太少，你们也尽了最大努力，流过汗，流过泪，甚至流过血。无论怎么说，许历农个人以为，尽管成绩不如理想，新党确实发挥了最大的牵制作用，如果没有新党，今天的“宪法”恐怕已尸骨无存了。

许历农在多次演讲中谈到，第四次“修宪”的最大特色，就是国、民两党不再像过去一样的眉来眼去，而是公开地同流合污，彼此支援，相互包庇。有人说国民党以扩权与民进党交换“台独”，其实国民党高层既要扩权，也想“台独”，而民进党既要“台独”，也想扩权。民进党当时的主席许信良就曾公开地说："不是国民党要扩权，是民进党要扩权"，意思是说，民进党迟早会取得执政权，到那时即可肆无忌惮，完成"台独"。

许历农认为，在"修宪"的过程中，新党曾联合国、民两党的良心派（国民党的"反冻省派"，民进党的"总统制派"），百般牵制，最后保全了"宪法"的残缺基本架构，但在国、民两党的威胁利诱、白色恐怖、无所不用其极、破坏程序诸般手法之下，通过了取消"立法院""阁揆同意权"与"冻省"两大"修宪案"。

许历农分析，取消"阁揆同意权"充分表现出李登辉想要扩权的阴谋。至于"冻省"，台面上的理由是（1）叶利钦效应，（2）行政效率不彰，（3）行政层级太多。但他认为，果真如此，根本无须大动干戈"修宪"，只需运用行政手段即可解决。例如调整行政区划分，即可化解叶利钦效应；适当授权分工，即可解决行政层级问题。至于行政效率，省府实际上比"中央部会"有效率，提升行政效率不只是省府的问题。说白了，"冻省"其实就是为推动"台独"。民进党"国大"代表曾公开说"冻省就是台独"。美国的中国问题专家高德温也说，美国和中国大陆都认为，台湾"冻省"是"台独"的第一步。

宋楚瑜在"冻省"中扮演的角色

许历农在宋楚瑜当"新闻局局长"时就很熟,后来宋接任"文工会主任",他们两人几乎每天晚上都要通电话,讨论"六报三台"及几本刊物的事。许历农说:"我很佩服宋楚瑜的太太陈万水,无论宋多晚回家,她一定等着他,也负责接听所有电话。"

依许历农看,宋楚瑜在蒋经国主政时的确对蒋经国很忠诚,办事也很认真。1988 年 1 月 27 日宋楚瑜临门一脚,让李登辉顺利出任国民党代理主席,从此得到李登辉的重用,他也就开始转向李登辉效忠。从 1988 年 7 月 7 日李登辉正式当选国民党主席,到 1990 年李登辉获得国民党提名为候选人,宋楚瑜出力甚多。尤其,在国民党中央委员会讨论提名候选人时,宋楚瑜负责了整个议程安排,一路挺李登辉。1993 年,宋楚瑜由国民党秘书长转任省主席,后又当选第一任民选首长。只是宋楚瑜万万没料到一年多后,李登辉就要开始整他。

1997 年李登辉发动第四次"修宪",新党"国民大会"党团基于大是大非,反对"冻省"案,以避免台湾进一步走向分离主义,也反对"双首长制"案,以免"总统"有权无责。当时许历农放下过去的恩仇,跟宋楚瑜联络,高雄大老林渊源也与许历农及新党代表有所

接触。宋楚瑜知道新党 46 名代表都会投反对票，他也
私下与国民党反对"冻省"的代表经常联络，充分了解
状况。

在"国大"表决前，许历农曾多次建议宋楚瑜到
中山楼来亲自拉票，或至少到台北来跟反"冻省"的代
表见个面，但宋始终不愿意来。许历农说，宋楚瑜到底
是仍心存侥幸，不愿意正面得罪李登辉，或另有其他原
因，他不清楚。

林渊源在回忆录说，连谢东闵都在事后问林渊源：
"宋省长跑到哪里去了？他以前不是全省走透透吗？怎
么从'国发会'到'国大''冻省'都没听到他的声
音？他可以爱惜自己的羽毛，不必随'冻省'废宋的权
谋起舞，但他做省长，有责任给这个有 112 年历史的省
一条活路呀！难道他没有想到省民的感受吗？"而林渊
源回说"宋省长比谁都急，他也一直为我们加油，并派
了马杰明常驻台北做联系，问题就出在宋楚瑜是一个惜
情的人，满脑子的尊李思想，让他不敢公开露面，揭穿
'冻省'权谋。"

许历农对宋楚瑜只知道对李登辉惜情，而不顾反
"台独"是国民党的中心思想，感到十分遗憾。

2000 年"大选"，宋楚瑜的民调比连战高，新同盟
会在选前为了避免民进党的陈水扁渔翁得利，决定呼吁

会员票投宋楚瑜。2000 年败选后，宋楚瑜还亲自到新同盟会举办的春节团拜向许历农及会员道谢。

至于李、宋为什么会交恶，许历农认为，主要还是李登辉的基本思想有问题，他不相信任何人，不愿看到任何人坐大，威胁到他。加上，他老是怀疑宋是外省人，宋的父亲跟军方有关系。

2003 年，民主团结联盟促成了"连宋配"，但宋楚瑜并不感激许历农，因为他想选正职，不愿意当副手，只是形势比人强，他不得不然。宋参选台北市长时还跟许历农联络过，败选后就没有再联络。

许历农与钱复相互欣赏

许历农一直很欣赏钱复的学问、人品、家教。所以，虽然他们在第三届"国大"不属于同一政党，但许历农认为由钱复出任第三届"国民大会议长"甚为合适，因为他相信以钱复长年的"外交"经验及声誉，他在主持"国大会议"时必能持守中立的议事立场。

1996 年"国大"行使人事同意权，纵然新党不可能支持李登辉提出的"国王人马"，但钱复作为"会议主席"，始终保持议事中立，新党"国大"党团虽小，仍受到一定的尊重。

1997 年春天，在三党为"修宪"会议进行协商时，许历农就曾私下多次向钱复表达反对李登辉"修宪"的立场，钱复表示了解且同意。但6月开会以来，会场始终乱哄哄，国、民两党代表对新党不赞成"修宪"动则叫骂，甚至几次想动手。7月1日，终于爆发了严重流血冲突。许历农至为心痛，除立即召开记者会谴责暴力外，也在第二天，带着新党"国大"党团第一副召集人纪欣，到中山楼议长办公室与钱复见面。

当时议长办公室只有钱复、许历农、纪欣三人。许历农严厉地指责钱复违背议事中立，也违背了他自己的承诺。钱复始终默默地听着，未替自己辩护，只一再表示歉意。

许历农离开后愈想愈难过，于是在7月10日动笔写了一封信给钱复。信中首先向钱复道歉，但说明他的道歉无关谈话内容，而是钱复的谦虚、礼让，叫他非常感动，毕竟钱复是出自有教养的世家，受过严格训练的"外交"才子。

许历农在信中告诉钱复，对于这个会期开始，"程序正义与尊重少数"的民主原则荡然无存，国、民两党代表肆意打压新党，甚至怂恿暴力加害新党"国代"，感到失望。他也说，钱复是饱学之士，他无意班门弄斧，对钱复提出什么建议，不过，"外交可以临机应变，做人必须坚守原则，有所为，有所不为，有所变，有所不变。我已望八之年，在台湾孑然一身，了无牵挂，一无所有，一无所求，但愿以百战余生，在残余的岁月里，坚持公理、正义！"

1997 年 7 月 18 日，第三届"国民大会"表决"修宪"案，新党"国代"从早上开始使出拖延战术，在无法阻挡三读后集体退出会场，而钱复则在下午七点半坚持离开会场，所以最后三读通过"修宪"案时，是由副议长谢隆盛敲的槌。

1998 年，钱复离开"国民大会"，转任"监察院长"后，二人偶有联络。在钱复从公职退休，转任国泰慈善基金会董事长后，他们联络得更为频繁。

钱复几乎每一年均会主动邀请新党"国大代表"吃一次饭。大家毫无拘束地回忆 1996—1997 年的往事，也得到一个结论，李登辉做什么事都有两个目的，一是扩权，二是推动"台独"，而且一旦他与民进党勾结在一起，任何人都很难阻挡第四次"修宪"的结果。

过去这些年，许历农每当碰到国际局势，特别是中美关系发生变化时，总会主动向钱复请益，而钱复每一次都很有耐心地回答许的问题，解开许的疑惑。许历农常用"如沐春风、获益良多"，形容他与钱复的每一次会面交谈。2018 年 3 月 28 日，许历农请钱复及十多位新党"国代"吃饭，4 月 16 日，钱复回请了许历农及新党"国代"，并为许历农庆祝百岁生日。

第八章　出任"国家统一委员会副主委"

"国统会"从成立到终止

1990 年 9 月 21 日，"总统府秘书长"颁布"国家统一委员会设置要点"，并据该要点成立了"国家统一委员会"（下称"国统会"），由李登辉担任"主任委员"，每年集会一次。1991 年 2 月 23 日，"国统会"第三次会议，通过"国家统一纲领"（下称"国统纲领"）。

1996 年 8 月，李登辉以"国统会主委"的身份，邀请新党和民进党在野党人士参加"国统会"。"总统府秘书长"黄昆辉征询许历农出任"国统会副主委"的意愿，许历农经过慎重考虑，并征得新党全委会的同意后答应了。过了几天，他就接到"总统府"敦聘他担任"国家统一委员会副主任委员"的聘书。同时被邀请的还有新党籍"立委"陈癸淼，他出任"国统会委员"。

尽管 1996 年许历农已清楚知道李登辉的立场，但每一次收到"国统会"开会通知时，他总会花上很多时间准备发言稿，并且在会议上畅所欲言，直言不讳。李登辉对许历农的发言不悦形之于色，但媒体经常长篇报道许的发言内容，也引起社会讨论，这让他感到所花心血有其价值。许历农及陈"委员"一共参加了四次会议，也就是"国统会"的最后四次全体"委员"会议。

2000 年 5 月陈水扁就职演说中提出"四不一没

有"，其中包括"没有废除国统会与国统纲领的问题"，但"国统会"未再召开委员会议。2002 年"立法院"审查"总统府"预算时，将"国统会"预算仅核列1000 元，从此各年度"国统会"预算均编列 1000 元。

2006 年春节陈水扁表示，应思考废除"国统会"及"国统纲领"。由于美国强烈反对"废统"，并一再要求陈水扁信守其所承诺之"四不一没有"。陈水扁于同年 2 月 27 日主持"国安"高层会议时作成决议："国统会"终止运作，不再编列预算；"国统纲领"终止适用。陈水扁当局虽碍于美国立场，说明"终止"并非"废除"，但"国统会"似乎就此成为历史名词。

在"国统会"终止后，许历农还经常以"国统会副主委"的名义发表文章，因为他记得 1996 年收到聘书时，特别留意聘书上没有写任期，这等于说，只要他没被辞聘、解聘，或"国统会"没有改组、撤销、解散，他就应该还是"副主任委员"。

身为"国统会副主委"，许历农认为自己有权利也有义务，敦促当局尽速召开"国统会"，以促进两岸和平追平国家统一。他还开玩笑地说："我相信，李登辉一定后悔当年聘我为'国统会副主委'，惹来这许多年剪不断，理还乱的麻烦。"

第 11 次"国统会"发言要旨

1996 年 10 月 21 日，许历农在第 11 次"国统会"全体委员会议上指出，"兼听则明，偏信则蔽"，他就国家统一的问题，提出三点意见。

第一，"一个中国问题"：为打破两岸关系的低迷，建议当局，郑重发表声明，强调我们坚持一个中国原则，大陆与台湾均是中国的领土，两岸中国人民应共同负起促进国家统一的责任。

第二，两岸经贸关系：他以为加速"三通"，增进两岸的经贸交流，才是真正疼惜台湾人民，壮大台湾经济的重要政策。因此建议应尽早宣布进入"国统纲领"中程阶段，开放两岸直接通邮、通航、通商，开创两岸经贸的新局。

第三，两岸文化交流：中华文化是促进两岸交流的重要桥梁。至于本土文化，应追本溯源，融合中华文化生命，才能归根复命，不应借本土文化之名，排斥中华文化，更不宜假本土文化，排斥民族精神和排斥中华民族主义。本土化若失去源头活水，必将形成失根的浮萍，绝非国家人民之福。

第四，当局应坚定承诺"不搞台湾独立"，并要求大陆并就此承诺，订立和平协议，进而推动领导人互动，推动国家统一。

第 12 次"国统会"发言要旨

1997 年 12 月 6 日，许历农在"国统会"第 12 次全体委员会议上指出，新党一贯"反共、反台独"的立场但并不是反大陆同胞，也不是反中华文化，更不是反中华民族；反"台独"，是反对"台独"的主张与政策，但并不是反台湾，也不是反台湾同胞，更不是反本土文化。

他提到 11 月中旬，赴大陆探亲旅游时，在上海与海协会汪道涵会长晤谈的经过。汪会长认为，一个中国，"应是现在进行式，是一个尚未统一的中国，正在共同迈向统一的中国"，他很同意。

针对李登辉强调"对大陆投资不要急""戒急用忍"，他表示"恕我直言，这种推论与决策，明显违背事实，也违背民心"。因为台湾对大陆的顺差每年均大幅增加，如果没有对大陆的顺差，台湾整体贸易会成逆差，那才真正会对台湾造成伤害。

第 13 次"国统会"发言要旨

1998 年 7 月 22 日，许历农在"国统会"第 13 次全体委员会议上表示，在美国总统柯林顿宣布不支持"台独"后召开"国统会"，增加了我们对中国统一前景的自信，亦证明当局于 8 年前 10 月成立"国家统一委员会"的远见。

他接着对克林顿访问大陆提出了个人的观察。一是美国和大陆建立"建设性战略伙伴"关系，二是美国和大陆达成"以和平方式统一中国"的协议。据他观察，此次克林顿访问大陆，影响所及各相关方面，互有得失，总的来说：是三赢一输的局面，美国是赢家，大陆是赢家，台湾也是赢家，唯一的输家是"台独"。

他建议，在克林顿访问大陆后，两岸情势丕变，今后大陆政策必须改弦更张、积极主动，尤其应掌握以下基本观念：统一不是被征服，被吞并，而是检讨"戒急用忍"，开放"三通"，加强两岸交流，逐步完成统一大业。

第 14 次"国统会"发言要旨

1999 年 4 月 8 日，许历农在"国统会"第 14 次全体委员会议上表示，他以为在当前"不独""不统"的僵持下，时间既不站在台湾这一边，也不站在大陆那一边。在国际棋局中，两岸持续不断地相互内耗，永远都是输家。

当欧元于今年元旦问世，出现"新欧洲"时，两岸在防务上互相争购武器；在两岸的实质交流上既少进展，更无突破。因此，他对两岸问题做了几点总结：

（一）坚持一个中国原则：一个中国是我们从来就一贯坚持的原则，"国统纲领"强调："两岸应摒除敌对状态，并在一个中国的原则下，以和平方式解决一切争议"。一个中国的定义，可以寻求合理诠释，不宜自我否定。

（二）追求国家统一目标："国统纲领"开宗明义就说："中国的统一是海内外中国人共同愿望，务期同心协力，共图贯彻"，岂可自暴自弃？"维持现状"固然是民意主流，但不能心存偏安、放弃统一目标，而应积极加强两岸交流，渐进的完成国家统一；无所作为，消极等待，不是"被统"，就是流于"台独"，陷入战争的浩劫。

（三）放弃"外交角力"，军备竞赛：应运用"避实击虚"之原则，循两岸谈判途径，协议"外交休兵"，签署和平协定；而加强经济交流，扩大政治号召，寻求由"量变到质变""渐变到突变"，完成统一大业。

（四）宣布进入"国统纲领"中程阶段："国家统一纲领"，公布已逾八年之久，迄今仍停滞于"近程阶段"。两岸关系不进则退，为打破僵局，应主动考虑进入中程阶段，建立对等的官方沟通管道，开放两岸"三通"，扩大经贸文化交流，"戒急用忍"受到伤害较多的是我们，开放"三通"得到利益较多的也是我们。

与王作荣相知相惜

在四次"国统会"全体委员会议上，时任"监察院长"的王作荣坐在许历农旁边，尽管他们当时对李登辉的看法有所不同，但每次开会，他们二人总会寒暄问好，相互关心。

王作荣后来认清李登辉的真面目，也勇于发表文章批评时事。在许历农的邀请下，王作荣出席了民主团结联盟2002年4月6日的发起人会议，以及7月7日的成立大会，并发表谈话。王作荣也曾到新同盟会做过专题演讲。

2007年7月《许历农文稿集》出版前，许历农曾建议编者纪欣去请王作荣写序。王作荣当时身体已很不好，极少出门，但仍慨然同意写序。

10多天后，纪欣收到王作荣亲笔写的序，许历农看了十分高兴，他说："王'院长'不仅知我，而且对国家民族与我有同样的看法。"本书特将王作荣序文放在本章后，以飨读者。

王序

许历农将军是我多年好友，也是乡长。在早年见面时，常对他说："我们处在同一伟大而艰难的时代，皆受同一个中国的教育、历史文化的培育。这样的共同出身背景，小之对于个人的品德修养，大之对于国家民族的兴衰存亡，都应有相近的看法与反应。纵有差异，不会太远。"现在读到他的文集，正可证明我言之不虚，不免有"此心同，此理同"的快慰之感。

读了文集后，我可以用两句话概括他的生平，相信大多数的读者会有同感。

（一）文武合一的典范

约自 2500 年前孔子开办平民教育开始，我们就看到文武合一教育与文化的传统，一直延续到现在未曾中断。在中国，文武兼资、出将入相、"上马杀贼，下马草露布"是社会对人才的共同期望与文化传统，是个人要努力达成的目标与荣誉。所谓儒将，就是儒与将的结合。远的不说，晚清的曾、左、李、胡，来台的孙立人与新一军的高级将领，都是文武合一的显例。

许历农将军官拜上将，当然是武人出身。但是当我们读到他的文集，便可发现他的气度、胸襟、识见、抱负、志节，乃至文字表达，再参照他的待人接物，事功作为，实在是一个恂恂儒者，充分表现了一个文武合一的典范。

（二）以天下兴亡为己任的爱国者

当明亡时，顾炎武曾说过一句名言："天下兴亡，匹夫有责。"他所说的兴亡，不是一人、一姓、一个朝代、一个政权的兴亡，而是一个国家、一个民族的兴亡，所以才叫作"天下"。我在访问大陆后，曾写过一点感想："两岸都是炎黄子孙，哪一边能使国家富强、人民幸福，我就支持谁，我不在乎它是国民党、共产党，或其他什么党"，也正是以国家民族的兴亡为对象的意思。

我们都知道，许历农将军前半生都在从事九死一生的抗日与"反共"战争。他也是忠贞不贰的国民党员。后来竟然脱离国民党参加新党，后来更竟然访问大陆，主张中国统一。他的这些行为很可能不为部分人士所了解或甚至误解，也为民进党人讥笑，说是以前最"反共"的人现在都要主张中国统一。

许历农将军的这些作为与心境，我可以用两句话来解释："知我者谓我心忧，不知者谓我何求。"他忧的是什么？他求的是什么？这在他的文集中有很清楚的答案：就是他终身为其牺牲奋斗的"天下"。他要以天下兴亡为己任。他的天下就是中国，就是中华民族。他要以中国的兴亡为己任，他要以中华民族的兴亡为己任，他要尽"匹夫之责"。

其实，许历农将军的这些志节抱负，中国无数的知识分子或者士都具有，只是未能像他那样既能坐而言，也能起而行，他是一个理论与实务兼具的儒将。我常说的一句顺口溜，中国是"历史五千年，江山千万里"。其所以如此，就是因为中国有士，有知识分子，有"匹夫"这个阶级，许历农将军则是其中的佼佼者。在未来的岁月里，我希望中国会出现更多的许历农，也必然会出现更多的许历农。不然，中国及中华民族就不会有"历史五千年，江山千万里"的辉煌记录，就会与人类其他的帝国一样地烟消云散。

我与许历农将军都已年近九旬，都有"老来原知万事空，但悲不见九州同"的伤感与无奈。寄语好友，互道一声珍重，努力加餐饭，幸留此身，亲见包括台湾省在内的大中国国运昌隆，重现汉唐盛世。

王作荣谨序 2007 年 8 月 8 日于台北寓所

第九章　成立民主团结联盟

成立宗旨及运作方法

2000 年陈水扁当选后，民进党以少数执政及意识形态理政，令台湾人民失望。而 2000 年选战造成蓝营分裂，选后宋楚瑜又自立门户，成立亲民党。在这样的背景下，许历农认为如果能组织一个新的政团，集合在野所有对时政有意见的社会精英，一来可力促泛蓝整合，二来可监督、制衡执政的民进党。

2002 年 4 月 6 日，民主团结联盟（下称民盟）召开发起人会议，并立即展开工作。为反制当时"台独"分子所推动的"台湾正名"游行活动，民盟于 2002 年 5 月 15、16 两日在《中国时报》与《联合报》第一版刊登广告，指出"台湾正名"就是追求"台湾独立"，台湾实为中国的固有疆域，呼吁同胞加入民盟，拯救台湾。

同年 7 月 7 日民盟在台北正式成立。许历农在致辞中说，民盟的目标，就是要反对分裂国土，追求国家统一。

目前致力于：第一，推动在野力量的团结、爱国力量的团结，呼吁记取以往受人分化，不能团结一致，以致丧失政权，沦为在野的痛苦教训。今后必须加强团结，重建往日的光辉。

第二，致力于辅助贤能参政，团结在野力量，集中选票，支持好人出头，贤能参政。

第三，监督当局施政，团结在野力量、爱国力量，发挥制衡功能，使执政当局乃至民意机关不能为所欲为，肆无忌惮；不能为一党之私、个人利益，放弃执政目标，牺牲人民利益及福祉。

许历农又表示，我们关心甚至忧心国家前途，愿就当前各种主张，提出正确的评析。

第一是主张"台湾独立"。这要从多方面去考量，一是该不该，另一是能不能。该不该是主观的判断，也是因为政治立场不同，可能公说公有理，婆说婆有理。能不能却是客观的现实。谁都知道"独立"会给台湾带来战火、灾难、浩劫，美国也不愿因"台独"而卷入战火，显然"台独"是走不通的出路，是一项危险的做法。

第二是主张维持现状。事实上，应该有两种不同的维持现状，一是无条件、无前提、无限期的维持现状，其实这样的维持现状实际上就是"台独"。北京曾明确表态，两岸关系不能无限期地拖延，这将使人民活在不可知、不确定、不安全的困境之中，看不到国家的前途，看不到明天的希望，经济无法发展，效果和"台独"没有两样。另一种是以追求统一为目标的暂时维持现状，这样就必先坚持一个中国，展开两岸谈判，逐渐迈向国家统一。

第三是尽速展开谈判，共商国家统一。这也有三个可能的方向。一是依我们的愿望，以"三民主义统一中国"，但依现在台湾的实力，以及内部分歧的状况，很难有成功的胜算。

二是大陆主张以"具有中国特色的社会主义统一中国"，有人不见得愿意，但国家统一是重点。

三是"一国两制"，透过谈判，统一中国。大陆曾强调"一国两制"，"台湾的现状也可以不变"，果真如此，台湾既可省下购买军火经费，又可节约收买"友邦"、经援"友邦"的经费，用于经济建设，改善人民生活，对台湾至少没有什么坏处，问题在"一国"，这一国的具体内含，如何使两岸同胞都能接受，这必然是一项艰巨的工程，但也是国家统一的唯一出路。

许历农最后说，蒋公遗言是"以国家兴亡为己任，置个人死生于度外"，今天在座的都是学者或退休人员，既不能运筹帷幄之中，亦无法驰骋于疆场之上，如何以国家兴亡为己任呢？其实，只要有"一个想法、一个看法、一个判断、一个决定、一个说法、一个做法，符合国家目标、国家利益，就是以国家兴亡为己任"。

成立大会上，许历农被选为首届主席，副主席有9名，分别是张麟征、郭俊次、陈志奇、洪文湘、汤阿根、王晓波、汪元仁、张光正、许明仁。

民盟的经费主要来自民间募款及盟员捐助。由于绿营执政，媒体对偏蓝的团体较缺兴趣，为吸引群众关心，民盟决定透过刊登报纸广告、举办座谈、运用盟员个人的人际关系，推动民盟的宗旨目的。民盟没有工作人员，主要是借助新同盟会的人员来推动工作。

2002 年 8 月 3 日，陈水扁透过视讯对在东京举行的"世界台湾同乡会"致辞时，提出"台湾中国、一边一国"的谬论，民盟立即发表声明，指出陈水扁的言论已经严重"违宪"祸国，并敦促"立、监两院"弹劾或提案罢免。同时举办了座谈会，痛斥陈水扁"违宪"祸国。

2002 年促成泛蓝在高雄市整合

民盟成立的主要目的在于整合泛蓝。因此，当 2002 年国、亲两党对高雄市长候选人迟迟无法整合时，民盟于当年 9 月 1 日，在《联合晚报》刊登广告，要求透过民调建立在野联盟的共识，不论党籍，不咎既往，以胜选为优先考量，决定高雄市长候选人。

11 月 17 日，民盟又在《中时晚报》刊登广告，喊出"败泛蓝者，泛蓝也，非绿也"的沉痛警语，并严正要求泛蓝政党回归民调，解决问题。不可讳言，当时这些广告，对在高雄市市长始终不肯松口合作的亲民党，构成相当大的压力，最后亲民党终于转而支持国民党籍的候选人黄俊英，可惜整合得太晚，难以凝聚选票，黄俊英最后输给民进党的谢长廷。

民盟当时最关心的是 2004 年的"大选"。因为泛蓝能否拿回政权，解民众于倒悬，主要系于连宋两人及国亲两党能否合作。经过 2000 年败选，其实双方都清楚，如果不能合作绝无胜选可能，问题只在如何合。2000 年大选宋楚瑜得票超过连战一百余万，要其屈居连战副手，心有不甘，可以想象。但是时移势迁，2002 年底至 2003 年初，在野的主流看法倾向"连宋配"。

力促 2004 年"连宋配"

2002 年底，许历农一方面运用在国民党中的人脉，譬如委请李焕大力游说宋楚瑜，另方面以民盟为名，于 12 月 10 日发函国、亲两党主席，呼吁二人应搭配参选 2004 年"大选"。12 月 12 日，许历农与民盟多位副主席拜会国民党中央党部，亲交连战主席信函，连战当场承诺国亲两党绝对会整合，只提出一组候选人。亲民党主席宋楚瑜虽然婉拒见面，但形势比人强，他最后同意与连战参加 2004 年的选举。

许历农回忆，2003 年 2 月连正宋副的搭配，虽然是各方促合之功，但民盟确实也尽了绵薄之力。在

2004 年大选前，许历农带着民盟及新同盟会副主席、副会长全省奔走助选。虽然陈水扁利用公权力，使出各种卑劣的"割喉"手段，但连宋声势浩大，稳操胜算。没想到，这一切的努力，抵不过选前一天，3 月 19 日，陈水扁在台南市扫街拜票时发生的两颗子弹事件，次日连宋以不到两万票的差距落选。

选举结束后，许历农十分悲痛，但他站出来坚持要验票到底，也鼓励民盟朋友，面对逆势必须斗志昂扬，在关键时刻绝不缺席。

2004 年 11 月 4 日，法院判决连宋提出的陈水扁"当选无效案"，国亲败诉，许历农表示不服，并于 2005 年 1 月 5 日在《联合报》民意论坛发表《为什么要国亲败诉就算了？》文章，表达对司法不公的抗议，更对有些法律学者说"社会整个大气氛要国亲败诉就算了，不要再影响社会安定"大表不满。他认为像这样大是大非的问题，如不明辩清楚，对不起天理良心。

连宋败选后，许历农更主张泛蓝应该整合，所以当国民党主席连战邀请他及郝柏村、林洋港回国民党时，他同意了。2005 年 2 月 6 日，农历除夕前，郝柏村、林洋港与许历农等 18 人重回国民党，并获聘担任国民党中评会主席团主席。这是自李登辉三度分裂国民党后，国民党首次重新团结，意义自然非凡。同月 9

日，连战主席拜访了许历农，诚挚地欢迎许历农重回国民党。

呼吁陈水扁悬崖勒马

2004 年 11 月 14 日，陈水扁在台北县"立法委员"选举造势活动上指出，连宋于 3 月 20 日"大选"后，发动军事将领以请辞或告假方式，进行"七日政变""柔性政变"。11 月 19 日，陈水扁再度在新竹县"立委"造势大会上点名，"柔性政变"的主角是许历农及蒋仲苓，并说中国统一联盟的网站鼓吹军人拿枪冲进"总统府"。

对于陈水扁这种子虚乌有的胡言乱语，中国统一联盟立即召开"民主已死，抗议陈水扁诬陷栽赃记者招待会及演讲会"，许历农应邀出席，并在会中痛斥陈水扁造谣生事。

2005 年 3 月 14 日全国人大常委会通过《反分裂国家法》，陈水扁与民进党立即宣布将于 3 月 26 日发动百万人游行，民盟联合了中国统一联盟、中华教授协会、海峡两岸和平统一促进会、新同盟会等团体，于 3 月 20 日召开记者会，发表宣言，并在《联合晚报》刊登广告，呼吁陈水扁悬崖勒马，虽然言者谆谆，听者藐藐，但也表达了民盟力阻两岸关系恶化的用心。

2005 年 10 月 23 日，台湾光复 60 周年前夕，民盟与中国统一联盟、中华教授协会、海峡两岸和平统一促进会、新同盟会、团结自强协会、木兰爱心会、民主行动联盟、商工统一促进会、世界抗战史实维护联合会等团体，共同刊登报纸广告，发表宣言，举办纪念台湾光复 60 周年图片展，并在台北中山纪念馆举办大型音乐晚会，有数千人一起纪念抗战胜利与台湾光复。

一路支持马英九但建言未获采纳

许历农对马英九的支持，可以说是一以贯之。

1998 年，说了两百多次不会参选台北市市长的马英九，忽然宣布参选台北市市长。许历农眼见马英九民调居高不下，在该年 8 月新党全委会上力排众议，要求已代表新党参选的王建停止选举，转而支持马英九。他认为台北市是首善之区，谁当市长至为重要，而马英九民调高，当选概率大，应该可以从陈水扁手上收复台北市。果然在那一场战役中，新党选民全力支持马英九，让马英九顺利当选了台北市市长。

2005 年 6 月，许历农公开支持马英九竞选国民党党主席。同年 7 月 16 日，马英九以高达 72.4% 的选票，击败王金平，当选国民党主席。8 月 19 日，马英九就任国民党主席，国民党党章纳入"胡连五点共识"。

2006 年 1 月 29 日，陈水扁宣布"国统会"停止运作，"国统纲领"停止适用，这使许历农极为气愤，更加期待马英九能 2008 年参选，以免台湾走向"台独"之路。

2007 年 2 月 13 日，马英九因台北市府"特别费案"遭到起诉，随后辞去国民党主席，并宣布参加 2008 年"大选"。竞选期间，许历农带领民盟及新同盟会在全省各地竭力为马英九拉票。

马英九 2008 年当选后，许历农多次向马英九建言，修改文史教科书，恢复"国统会"运作及"国统纲领"适用，马英九未加反对，却始终没有落实，这使许历农非常失望，但仍在 2012 年大力支持马英九竞选连任。

2012 年 1 月马英九顺利连任后不久，许历农要求面见马英九。2 月 24 日，马英九在其办公室会见了许历农及多位民盟副主席。许历农提出 9 项建言（全文见附录一）：负起中国历史、文化传承与发扬的使命、"不统不独不武"应再加解说、导正李、扁"台独"思想之影响等。

马英九当天客气地表示会慎重考虑，但一直到他卸任，许历农的大部分建言都未落实。

第十章　率团赴大陆参访

1997 年与汪道涵会长谈"一个中国"

一、50 年后首次回大陆

在 1997 年 11 月前，许历农自 1949 年离开大陆后就从没回去过。他当年大江南北抗战，说将近 50 年间对大陆及家乡没有一点思念之情，那是自欺欺人。他承认早就想回大陆一趟，可是每次有这个念头，都觉得时机太敏感，"国民大会"开会之前不能去，怕在"国大"发言涉及统"独"问题，被指为"中共代言人"。同样的道理，"国统会"开会之前不能去，选举之前也不能去，怕影响新党选票，就这样，一直没有找到一个适当时机。

1997 年下半年，许历农一狠心，"管他呢，去了再说"，就这样他带了新同盟会副会长、秘书长去了大陆。

本来那次大陆行纯粹是旅行探亲，他们给旅行社的行程写的就是大陆旅游。他认为这样的旅游没有道理在启程之前昭告天下，可是他们上午启程，下午晚报就登出"许历农密访大陆"，搞得他啼笑皆非，所以决定干脆主动发布新闻，以免以讹传讹。

该团到了北京以后，大陆涉台单位，包括国台办、海协会为尽地主之谊，主动安排邀宴参观，他们于 11 月 14 日在中南海会晤了中共中央总书记江泽民及国务院副总理钱其琛。

许历农认为该行最值得一提的是，他于 11 月 16 日在上海与海协会会长汪道涵的晤谈，谈话时间长达三个小时，汪老自己说是"开怀畅谈"。

二、与汪道涵谈一个中国与统一

许历农和汪道涵两人从乡音谈起（他们都是皖南人），谈到称呼，汪道涵说："台湾人称你许老爹，原先人家喊我老汪，后来喊我汪老，起初还觉不习惯，慢慢感到满亲切。"再谈到年龄，汪道涵 83，许历农 77，他们加起来共 160 岁，就这样慢慢谈到问题。

他们就大陆民主建设、恢复"汪辜会谈"、"三通"、保障台商权益、媒体互设办公室、"国统纲领"与"邓六条""江八点""戒急用忍"等问题进行讨论。

针对民主，汪道涵表示，大陆肯定民主的方向，真正的民主是由人民选出自己要的人，为人民服务，因此首先大陆不会干涉台湾自己选择的体制，只是大陆坚决反对金钱与黑道介入政治。其次，民主是不断实践的过程，有所保护，也有所禁止，如果极端民主，也会搞得天下大乱，所以要重视法治，逐步推广教育与守法精神。

再次，汪道涵指出民主要从基层做起，大陆已从乡镇长选举逐步推动，让人民有挑选的余地。汪道涵并说大陆的"民主集中制"与西方制度有许多不同之处，值得好好研究。

1998 年，新同盟会由常务副会长陈志奇带团，再次在上海见到汪道涵会长，汪会长提出对"一个中国"的解释：

"世界上只有一个中国，台湾是中国的一部分，目前尚未统一，双方应共同努力，在一个中国的原则下，平等协商，共议统一。一个国家的主权和领土，是不容分割的。台湾的政治地位，应该在一个中国的前提下进行讨论。"

率新党大陆事务委员会代表团访问北京

一、新共两党达成共识

2001 年 7 月 10 日至 13 日，新党大陆事务委员会代表团应中共中央台湾工作办公室邀请，到北京访问。许历农是该委员会的召集人，所以是代表团的团长。

新党和中台办就两岸关系重大问题充分交换了意见，并达成若干重要共识。

（一）双方表示对于两岸关系的若干重大问题具有共同的认知和主张，即一个中国、和平统一。坚持一个中国原则，是两岸关系改善与稳定发展的基础，两岸同胞可以从两岸关系的改善与发展中，获得更多的利益与福祉。为谋求两岸关系的改善和两岸同胞的福祉，双方将努力推动在"九二共识"基础上，恢复两岸接触、对话，促进两岸经贸交往、人员往来和各项交流，早日实现直接"三通"。

（二）双方认为两岸同胞都是中国人。2300万台湾人民，不论是台湾省籍还是其他省籍，都是骨肉同胞、兄弟姐妹，应相互爱护，和睦相处，共同促进台湾社会安定、经济发展。

（三）双方认为两岸双方加入WTO后，农业发展面临挑战，应加强两岸农业交流与合作，协助台湾农民谋求利益。大陆鼓励台湾农民到大陆投资、发展。

（四）新党希望大陆方面对于热心前往大陆兴办教育事业的台湾团体和个人，给予鼓励和协助。中台办表示愿向主管部门反映，在政府允许下积极促成。

（五）双方商定，中台办、新党大陆事务委员会本着相互尊重、平等协商的精神，不定期地就两岸关系与国家统一问题交换意见，以逐步建立经常性的对话机制，为维护台海局势的和平、推动两岸关系发展、谋求两岸同胞利益进行合作。

（六）新党基于服务两岸人民的热忱，由大陆事务委员会成立专责机构，与中台办的相关专责机构相互联系，协助处理涉及两岸同胞权益的事项。

二、会见钱其琛

7 月 12 日上午 11 点，新党代表团会见了钱其琛副总理，就两岸事务交换意见。钱其琛明确指出大陆方面的"一二三"坚持，即"一个中国，两岸谈判，尽速三通"。对于"一国两制"部分，他强调"两制"系指"社会主义"与"资本主义"两种不同制度，港、澳与台湾大致上均属资本主义制度，但在具体实践上仍会有所不同。

钱其琛并具体提出"一国两制"对台湾的作为如：台湾可以（1）继续使用台币；（2）继续保有军队；（3）单独关税区；（4）继续保持政府架构；（5）不拿台湾一分钱，不会调动台湾资金；（6）台湾人民、企业保有原有财产；（7）人事自主，不派任何官员到台湾。

许历农随后表示："此次来北京，与中台办举行党对党工作机构的对谈，主要是希望维持两岸和平，促进国家统一。"他也建议，现在国际形势变化很大，大陆的政策应该注意以下几点：

（1）坚持经济发展的主轴；

（2）坚持对外开放政策；

（3）坚持市场经济与民主政治的改革目标；

率"和平之旅参访团"推动两岸军事互信

许历农自 2001 年开始，就经常带台湾退将，前往大陆参访，与大陆退将就台海安全进行交流沟通。

2013 年 5 月 10 日，许历农率领了 16 名高阶退役将领组成的"和平之旅参访团"，赴北京访问七天，与中共中央军委探讨推动两岸军事互信，建立两岸安全机制的可行性，也希望能借此唤醒台湾社会大众对两岸建立军事安全互信机制的认知。

5 月 11 日，在与国防大学的座谈会上，许历农提出和平统一为何一直停滞在"先易后难""先经后政"的瓶颈，未见任何突破的迹象，主要是因为两岸间的互信不足。因此，他呼吁建立军事安全互信机制，并提出一些原则性的建议，例如两岸领导人共同宣布不以武力解决两岸争端、建立两岸军事联系热线、两岸相互通报军事演习地点和时间、两岸相互派员参观各自的军事演习等。

他也提出，两岸交往，大陆大，台湾小，故大陆宜"以大事小以仁"。所谓仁，就是孔子讲的"己欲立而立人，己欲达而达人"，就是我要行得通，也要别人能行得通，以这样的心态，共同达成建立军事安全互信的机制。

5 月 13 日，访问团拜访了国台办，许历农向张志军主任建议，签订"两岸和平协议"时应本着相互包容，彼此接纳的精神。其次，他建议台湾政局变化快速，大陆对台政策必须立即因应、果断明快。

14日，访问团面见全国政协主席俞正声。许历农在湖北及上海与俞主席曾多次见面，但此次会见则较为正式。许历农表示赞成"一国两制"，"一国"是两岸同胞共有的中国，是世界华人的中国，这样才名正言顺，符合民意。

该团也拜会了中共中央军委会副主席许其亮，许历农表示"两岸问题本质是兄弟阋墙，故在台湾问题上不能动武"，应该用"巧实力"，也就是美国学者奈伊（Joseph Nye）所提的"软实力"。在南海问题上，许历农主张两岸应联手共御外侮。

该团回到台湾后，有人批评许历农当了一辈子军人，居然去"投共"。其实，许历农的爱国情怀是一以贯之的。

许历农常说："早年从军是为了抵御国土被侵略，过去20多年所做的是为了防止国土被分裂，都是为了保家卫国。战争实在太残酷了，尤其，台湾幅员小，先天条件不足，无法筹组庞大的军备，难以用实质的军事力量与大陆抗衡，唯有努力终止两岸敌对状态，结束两岸政治分歧，才是台湾人民之福。"

但他同时认为，台军应以"和平护国"为责，尽一切能力保卫东海、南海的"主权"，以免成为历史的罪人。

率"台湾和平统一团体联合参访团"访问北京

2014 年 9 月 24 日，应大陆对台工作部门之邀，许历农率领"台湾和平统一团体联合参访团"50 多人前往北京访问，成员多半是 2012 年在台北成立的"促进中华民族和平统一政治团体联合会议"（见第 12 章）的团体代表及学者。许历农担任该团团长，郁慕明是秘书长。

到达北京当晚，国台办主任张志军设宴款待。

9 月 25 日上午，全体团员与中国和平统一促进会副会长、秘书长座谈。下午前往卢沟桥抗战纪念馆参观。晚上接受海协会会长陈德铭的宴请。

9 月 26 日上午 10 点，中共中央总书记习近平在人民大会堂会见了全体团员。

习近平首先表示，2008 年以来两岸关系走在和平发展的道路上，有目共睹，但在涉及国家统一和中华民族长远发展的重大问题上，大陆旗帜鲜明、立场坚定，不会有任何妥协和动摇。他强调"两岸复归统一，是结束政治对立，不是领土和主权再造"，并重申大陆反对"台独"的立场。

一、习近平的一席话受到台湾高度关注

习近平在讲话中强调，大陆能理解台湾同胞因特殊历史遭遇和不同社会环境而形成的心态，会尊重台湾同胞自己选择的社会制度和生活方式。将对台湾同胞一视同仁，"无论是谁，不管以前有过什么主张，只要现在愿意参与推动两岸关系和平发展，我们都欢迎"。

他并表示，和平统一与"一国两制"是解决台湾问题的基本方针，也是实现国家统一的最佳方式；国家统一不仅是形式上的统一，更重要的是两岸同胞的心灵契合；两岸关系和平发展是通向和平统一的正确道路；遏制"台独"分裂活动是确保两岸关系和平发展的必然要求。他更进一步说："'一国两制'在台湾的具体实现形式会充分考虑台湾现实情况，充分吸收两岸各界意见和建议，能充分照顾到台湾同胞利益的安排。"

这"三个充分"精简诠释了"一国两制"的核心精神及大陆的对台方针，深获许历农的赞赏许历农从邓小平在 20 世纪 80 年代初期提出"和平统一、一国两制"后，就开始研究"一国两制"。他认为，"一国两制"的核心问题在于"一国"，只要突破台湾民众的心防，认同"两岸同属一中"，"两制"从来不是大问题。更何况，习近平总书记所说的"三个充分"合情合理，应该有助于台湾民众对"一国两制"的认知。

二、许历农说国家统一是两岸一贯目标

许历农接着发言（发言稿全文见附录一）。他先表示："我们是来自台湾、主张国家统一的团体，回到大陆像是回到家，不管是谁当家，家还是那个家，是我们的母亲。10多年来，我们一直坚持两岸互利双赢的和平统一，我们认为国家统一是两岸一贯目标，虽因为情况、时程的不同，手段上或有差异，但国家统一的目标不会改变。我们坚决反对任何别有居心、企图分裂国土的阴谋。"

他接着说，从1840年鸦片战争失败后，中华民族受尽欺凌压迫，常思重现汉唐盛世，光大民族光辉，如今从媒体网路得知，习主席提出中国梦构想，正是再创汉唐盛世，亟盼两岸中华儿女抛却往日恩怨情仇，团结一致，完成两岸和平统一，共圆中国梦。

他强调，两岸和平统一是中国梦的核心问题之一，急不得，更不能拖，事缓则圆，也怕夜长梦多。面对任何可以向和平统一推进一步的方案，都应该当机立断，不必追求十全十美，一步到位。他也建议，应该排除万难，先建立统一的雏形，再求进一步发展。

许历农最后说，盼望习主席的"中国梦"能再创汉唐盛世，再造中华民族的光辉；两岸炎黄子孙首要团结一致，完成国家统一大业，实现中国梦。

　　9 月 27 日，代表团大部分成员搭乘高铁，前往南京及上海继续参访，许历农则直接返回台北。

第十一章　发起"中山黄埔两岸情"论坛

许历农在 2010 年倡议成立了"中山黄埔两岸情"论坛。之所以取名"中山黄埔",是许历农认为两岸建军的骨干都是黄埔人,但因诸多历史因素,两岸黄埔人的思想理念分裂,兄弟阋墙,尤其在两蒋先后去世后,台湾继任人的思想及理念偏离正统,对黄埔精神造成极大伤害,他希望能建立一个平台,让两岸黄埔人及其后代"相逢一笑泯恩仇",共同推动两岸和平发展,最终实现和平统一。

黄埔精神历久弥新

许历农对孙中山何以创立黄埔军校以及何谓"黄埔精神",有一番论述。

他说,1924 年 6 月,孙中山先生鉴于革命事业屡起屡仆的原因是,"只有革命党的奋斗,而无革命军的奋斗",乃于广东黄埔创立了陆军军官学校,也就是以后举世闻名的"黄埔军校",并任命蒋中正为首任校长。蒋中正在极度艰苦的状况下,精心培育出一批优秀军事干部,奠定了国民革命事业建军的基础。

许历农认为,建军与作战是相辅相成的,建军是体,作战是用。由于黄埔精神的贯注,国民革命军建军未久,即迅速完成北伐,扫除军阀,统一全国。1937 年 7 月 7 日,日军在卢沟桥向我挑衅,爆发全面抗日战争，全国军民以劣势装备奋战八年，终于赢得最后胜利，光复台湾，废除所有不平等条约，并进列国际五强之一。抗战胜利之后，黄埔精神一度因国共内战涣散，但蒋中正在台湾重整黄埔精神，使台湾经济繁荣、社会祥和。

什么是黄埔精神，许历农解释，黄埔精神就是牺牲、团结、负责精神，其对军人的启发应在作战、工作、生活三方面。

在作战方面，牺牲精神要从黄埔校门"贪生怕死勿进此门"的对联和毕业时蒋中正校长致赠"成功成仁"的佩剑，体会出"为达成作战任务不惜牺牲性命"的志节；团结精神要从亲爱精诚出发，识大体、顾大局，局部配合整体，协力整体成功，相互支援，彼此合作；负责精神就是不争功、不诿过，誓死达成任务。

在工作方面：牺牲精神要从"升官发财请走他路"的启示，放弃升官发财的想法，自我利益的贪图，完成整体工作目标；团结精神在整体目标下分工合作，精心完成局部，以配合整体；负责精神就是尽心尽力，竭尽所能如期完成工作目标。

在生活方面：牺牲精神就是放弃自我生活享受，全心奉献于作战任务、工作目标之达成；团结精神就是"牺牲小我，完成大我"的个人心态和作风；负责精神就是要从"守法、守信、守时、守纪、守密"的五守精神，表现出对自己负责，对组织负责，对国家负责。

有人说黄埔创校于 90 多年前，黄埔精神已经是老东西了，许历农则认为，人世间万事万物，有些是日新月异，像科学发展；有些则历久弥新，像孟子所宣导的"老吾老，以及人之老"的博爱精神，和"施诸己而不愿，亦勿施诸人"的恕道精神，至今尤为世人所信服遵行。而黄埔精神属于这类历久弥新的精神范畴，黄埔子弟乃至其后代子孙，都应该拳拳服膺，信守不渝。当然，由于科学发展、社会演变、政治革新所产生的诸多规范，黄埔子弟自应与时俱进一并遵行。

论坛缘起及第一届论坛在台北召开

讲起创办"中山黄埔两岸情"论坛的源起，许历农说："2009 年春天，黄埔一期郑洞国将军之孙郑建邦和黄埔二期胡靖安将军之女胡葆琳，分别从北京及香港来台北向我祝寿，并相约一年后还会再来，当时我说不必给我过生日，不如我来组织一个论坛，邀请黄埔后代来台参会。就这样，两岸暨港澳的黄埔后代开始讨论论坛的时间、地点、邀请名单及论坛主旨。"

许历农又说："另一位对论坛出力很大的是黄埔教官聂荣臻元帅之女聂力。我很多年前就在厦门举办的黄埔同学活动中认得她。之后我多次去她北京的家拜访，彼此很聊得来。她自第二届论坛起，就从未缺席。"

2010 年 5 月 10 日，首届"中山黄埔两岸情"论坛，在台北朝代饭店盛大举行。这是两岸黄埔校友暨后代首次在台聚会，不仅惊动两岸和外国媒体，"美国在台协会（AIT）台北办事处"也派人前来关切。

论坛由"中山、黄埔、两岸情论坛筹委会"主办，有近 50 位退役将领与会，前"参谋总长"郝柏村因重感冒无法参加。国民党荣誉主席吴伯雄、新党主席郁慕明等获邀致辞，加上两岸、香港、北美等地的黄埔校友暨后代，会场聚集近两百人，盛况空前。

许历农在开幕式致辞时开宗明义说，论坛宗旨是"实践中山先生思想，发挥黄埔精神，促进两岸关系和平发展"。由于筹备期间过于劳累，加上连日感冒，许历农会后全身发抖，经人搀扶赶往"荣民总医院"就医。不过，隔日论坛闭幕时，他仍上台致辞，表示要继续把论坛办下去。

首次论坛大陆来的嘉宾身份背景可观，如周恩来的侄女周秉德、左权将军之女左太北，黄埔一期刘杰将军之子萧松林（从母姓），七期王健秋将军之子王小玉、一期莆成钢将军之子莆江，一期侯镜如将军之子侯伯文等黄埔后人。

周秉德在致辞时充满感情地说，周恩来临终前三个月，仍不忘台湾的老朋友和新朋友，想要托付有关统一事务，可见他心系两岸前途。她说，如果周恩来和蒋经国健在，两岸签署和平协议的进程"肯定会快"，因为双方有共同语言，有感情，一说就通。

据许历农说，首届论坛能办得那么成功，台湾的陈兴国将军及大陆的杜青女士是幕后英雄，他们日夜辛劳，把大会办得很成功，也打响了中山黄埔两岸情论坛的旗号。

第二届论坛在北京召开：纪念辛亥革命百年

2011 年 6 月 7 日下午，第二届中山黄埔两岸情论坛在北京召开，由北京市黄埔军校同学会和中国战略文化促进会共同主办，以纪念辛亥革命 100 周年为主题。

与会者在座谈会上共同缅怀孙中山先生的丰功伟绩，并围绕国家统一、人民富裕安康等话题进行交流，表达了两岸同胞对和平统一的共同期盼。许历农与北京市委常委牛有成、聂荣臻元帅之女聂力、中国战略文化促进会常务副会长罗援等分别致辞。

许历农在致辞时提出，生活在两岸的炎黄子孙必须抛弃以往的恩怨情仇，团结一心，共同为中华民族的未来奋斗，尤其国家统一是两岸一贯的共同目标、共同任务，如今出现和平统一的曙光，理应加紧统一的步伐，黄埔子弟应该领导全国同胞，化解分离意识，完成两岸统一的时代使命。

许历农曾撰文《本来无一物，何处惹尘埃》，表示他主张"在不变动台湾现况的原则下，两岸共有（尊严、对等）一个中国，军事、经济相互支援，政治、外交共同参与"的统一，这是台湾保持稳定、安定、安全、永续繁荣发展的唯一途径，最佳选择（全文见附录一）。

第三届论坛在上海召开：黄浦江畔议黄埔精神

2012 年 7 月 7 日，第三届中山黄埔两岸情论坛在上海召开，由上海市黄埔军校同学会、上海市海峡两岸交流促进会、上海海外联谊会主办。有来自海峡两岸的黄埔校友、亲属和学者，共计 200 多人参加。

论坛一开始，所有与会者一同观看了由中央电视台拍摄的大型历史文献片《黄埔军校》的片段，重温抗日战争时期黄埔将领、官兵同仇敌忾，救民族于危亡的英勇往事。陈毅、徐向前、聂荣臻、叶剑英元帅的后代以及片中出现的左权、谢晋元、刘放吾等多位将领的后代，都受邀参加了此次论坛。

许历农致辞时指出，尽管两岸之间仍有若干矛盾，但必须肯定有更多共同利益，矛盾不应纠缠不休，利益应当发扬光大；时机乃人为的、可变的客观因素，两岸必须有所作为，积极营造。他也建议两岸应该在"九二共识"及"求同存异"的基础上，创立一个国家统一的雏型。"世界上只有一个中国，中国的领土主权不容分割。在这个前提下，两岸军事、经济相互支援，国际活动共同参与，继之以良性互动，逐步实现国家统一之目标……"

第四届论坛在武汉召开：黄埔精神是爱国主义

2013年10月25日，第四届中山黄埔两岸情论坛在武汉召开，由湖北省黄埔同学会、省海外联谊会、省海峡两岸交流促进会共同举办。来自海峡两岸的黄埔同学及亲属160余人参加论坛活动。全国政协副主席齐续春宣布论坛开幕，湖北省委常委张岱梨、黄埔军校同学会会长林上元、大陆黄埔后代代表徐小岩、香港黄埔后代胡葆琳、新党主席郁慕明和许历农先后在开幕式上致辞。

许历农致辞时表示，他已年迈，一无所求，只希望在有生之年能看到国家统一。他提出，民主是手段而不是目的，能达成"福国利民"目的才有价值。实践是检验真理的唯一标准，事实胜于雄辩，大陆一跃成为世界第二大经济体，美国、英国全球民调显示，中国人对国家方向的满意度高于其他任何国家，可见西方民主不是治国的万灵丹。他也鼓励黄埔族群发挥"以理服人""以德服人"的"软实力"，消除统一最后的障碍，促进两岸和平统一。

第五届论坛在香港召开：黄埔精神与青年传承

2014 年 9 月 6 日，第五届中山黄埔两岸情论坛在香港会议展览中心举行，主题是"黄埔精神与青年传承"，董建华、张晓明、曾钰成等香港知名人士出席。许历农除带了 20 多位台湾退役将领及学者参加，也带了女儿许绮燕、外孙许念一家三代出席论坛，心中特别高兴激动。许念作为黄埔第三代，一直为两岸交流尽力，也为黄埔后代做了不少联络工作。

上海市海外联谊会会长沙海林致辞时说，香港是孙中山革命思想的发源地，为黄埔精神的诞生提供了丰富的滋养。

许历农发言时指出，他很同意新加坡开国总理李光耀之前所说的："中国有一股强大的天命感，中国要当中国，要大家接受它是中国，不是西方的随员。"他强调，我们这一代中国人，特别是黄埔师生后代，应为民先锋，以中华文化重整世界秩序，达到礼运大同篇"天下为公，世界大同"的理想，真正为人类造福。

第六届论坛在天津召开：纪念抗战胜利 70 周年

2015 年 5 月 20 日，第六届中山黄埔两岸情论坛在天津举行，由中国国民党革命委员会（下称民革）中央、黄埔军校同学会、天津市海外联谊会共同主办。

2015 年是抗日战争暨世界反法西斯战争胜利 70 周年，因此论坛以纪念抗战胜利 70 周年为核心内容。

许历农带了 47 位台湾退役将领出席论坛。论坛开始时首先播放了题为《人间正道黄埔魂》的抗战专题片，与会者屏息观看，神情专注。随后，大家为在抗日战争中死难的中国军民及黄埔先烈默哀一分钟，不少人默默用衣袖擦拭泛红的眼眶。

民革中央副主席刘凡、黄埔军校同学会会长林上元等出席了论坛的开幕式并致辞。聂荣臻元帅之女聂力将军、谢晋元烈士之子谢继民、戴安澜烈士之子戴澄东等抗战英雄后人，分别发表了缅怀先烈，发扬中山、黄埔精神的主题演讲。

民革中央副主席郑建邦表示，黄埔精神已经铸成中华民族伟大精神的一个重要组成部分，现在我们要实现中华民族的伟大复兴，就要全面深化改革，在两岸关系上要尊同跨异，共同促进两岸关系和平发展，最后实现和平统一。

许历农在致辞时表示，今天两岸关系和平发展的伟业是这一代黄埔人责无旁贷的历史使命，两岸炎黄子孙应抛弃两岸之间的恩怨情仇，携手共圆中国梦。

第七届论坛在北京召开：孙中山诞辰 150 周年

2016 年 11 月 10 日，第七届中山黄埔两岸情论坛由民革中央、黄埔军校同学会共同主办，在北京中山公园中山堂召开。

为纪念孙中山先生诞辰 150 周年，论坛开幕前，与会者先集体拜谒孙中山先生铜像，并敬献花篮、参观孙中山生平事迹展。

全国政协副主席齐续春、民革中央副主席刘凡、统战部副部长林智敏、国台办副主任龙明彪等出席了论坛开幕式。许历农与聂力将军、黄埔军校同学会会长林上元、中国人民对外友好协会原会长陈昊苏、香港全国政协委员胡葆琳、中华文化发展促进会副会长赵博、中国战略文化促进会副会长罗援分别致辞。

许历农在致辞时说，他今年 98 岁了，唯一的期待就是能在有生之年看到两岸的和平统一；大家要传承中山精神，促进和平统一，实现中山先生的遗志。

论坛上，黄埔一期郑洞国将军之孙郑建邦、台湾退役将领代表吴斯怀、孙中山曾侄孙孙必达、中国社科院近代史所研究员马勇等分别发表了"缅怀中山先生，发扬黄埔精神"的主题演讲。

论坛还通过了号召两岸青年继承发扬中山精神，携手为推动两岸和平发展、为振兴中华而奋斗的《共同宣言》。会后，黄埔13期朱家宝外孙陈少湘向北京市政协中山堂捐赠了包括中山先生纪念邮票、照片、画像、书籍，廖仲恺、田恒、于右任的书法作品等一大批珍贵文物。

11月11日，许历农与另外31位台军退役将领，低调地出席了在人民大会堂举办的"纪念孙中山先生诞辰150周年大会"。许历农会后表示："我很高兴能亲耳听到习近平主席的演讲，我觉得他讲得很好。习主席极为肯定中山先生一生为革命、为统一所做的努力。我也很佩服习近平对中国近代史有深入且独到的理解、精辟的解析。"

第八届论坛在北京召开：两岸共圆中国梦

2018年9月16日，第八届中山黄埔两岸情论坛在北京举行。全国政协副主席、民革中央常务副主席郑建邦，全国政协常委、港澳台侨委员会副主任耿慧昌，中共中央统战部副部长戴均良，中共中央台办、国务院台办副主任龙明彪，黄埔军校同学会会长林上元等出席论坛开幕式。新同盟会原会长许历农、台湾新党主席郁慕明等出席论坛，还有来自海内外的黄埔师生及亲友、两岸知名专家学者等共 150 余人参加论坛。

论坛由民革中央、黄埔军校同学会共同主办，以"两岸黄埔情 共圆中国梦"为核心内容，通过发扬中山精神，缅怀黄埔先烈，凝聚与彰显论坛所涵盖的中山、黄埔与两岸和平发展之主题，为爱国、革命的黄埔精神注入新的时代内涵，宣导海内外黄埔同学及亲友共同为振兴中华、强国富民而奋斗。

论坛上，郑建邦称，我们要继承和发扬中山精神和黄埔精神，弘扬先辈优良传统，为增进两岸互信、深化两岸交流、制止"台独"图谋做出积极贡献。他表示，在这个民族大义和历史潮流面前，一切分裂祖国的行径和伎俩都是注定要失败的，都会受到人民的谴责和历史的惩罚。他相信，只要海内外中华儿女紧密团结，共同奋斗，中山先生殷殷期盼的中华民族伟大复兴的而目标一定能够实现。

戴均良表示，论坛以"中山、黄埔、两岸情"三个关键字命名，鲜明表达了黄埔后人为推动国家统一和民族复兴的决心。他希望黄埔后人及亲友要继承中山遗志，推进国家统一和民族复兴；要弘扬黄埔精神，坚决反对分裂，共担民族大义；要增进同胞情谊，推动两岸经济社会融合发展。

龙明彪表示，实现祖国完全统一是全体中华儿女的共同愿望，是中华民族的根本利益，也是实现中华民族伟大复兴的必然要求，更是两岸中国人共同的责任和使命。希望两岸各界朋友特别是黄埔亲友和团体，继续高举中华民族伟大复兴的旗帜，以实际行动展现正义的力量和声音，维护两岸关系和平发展，增进同胞福祉，共同开创中华民族伟大复兴的美好未来。

郁慕明称，当前台湾政局在改变，岛内促统的声音与日俱增。他呼吁，台湾民众要改变思维和观念，要加倍努力，不能够有偏安心态，"共圆中国梦"台湾不能缺席。

论坛上，台湾退役将领代表、台湾中华战略学会理事长王文燮、中国战略文化促进会副会长罗援、黄埔四期洪水少将之子陈寒枫、中国社会科学院台湾研究所所长杨明杰、黄埔三期戴安澜将军之孙戴茗磊、台湾黄埔军校同学会后代联谊会会长丘智贤等分别发表了发扬中山、黄埔精神的主题演讲。

许历农以百岁高龄出席论坛，并以"中国正试图改变世界"为题，发表讲话。他说，改变世界不是改变世界政治版图，也不是改变世界经济结构，而是改变世界传统观念、基本思维。

当前的国际政治结构是以美国为首的欧美霸权主义国家统治下的世界。对企图挣脱统治的国家，西方都不遗余力地制裁、打压。川普就任美国总统以后，更进一步推出"美国第一，美国优先"，要以美国利益取代世界利益，如罔顾国际组织相关规定与协议，擅自征收额外关税，强制美国军事基地所在国家，分担军事经费，已造成西方国家内部矛盾，如七大工业国集团所谓七强高峰会，北大西洋公约组织领导人高峰会，已显现出分崩离析，剑拔弩张的局面。

面对这样强凌弱的世界格局，习近平主席决心以"以身作则，推己及人"的精神，试图潜移默化改变世界，改善世界。他在联合国日内瓦总部强调，"坚持走和平发展道路，永不称霸，永不扩权，永不谋求势力范围"；"坚持慎战，不战"，维护世界和平，奉行互利双赢的开放战略，坚持共商、共建、共用，建设普遍安全的世界。在中非合作论坛更提出"五不政策"：（1）不干预非洲国家探索符合国情的发展道路。（2）不干涉内政。（3）不把自己意志强加于人。（4）不附加任何政治条件。（5）不谋取政治利益。这就是以"己欲立而立人，己欲达而达人"的儒家思想，改变当前国际上"掠夺、威胁"的思维。

"一带一路"是要建立海上丝绸之路经济带，以合作、发展为基础，共同建立互利、双赢的命运共同体，具体改变世界格局的方针和路线。

英国历史学家汤恩比，在20世纪70年代曾说："19世纪是英国人的；20世纪是美国人的；而21世纪就是中国人的世纪。"英国是以船坚炮利，推动殖民政策；美国也是一样，以武力胁迫，强取豪夺，造成美国的世纪。21世纪中国人将以"天下为公，世界大同"的中华文化，"己欲立而立人，己欲达而达人"的儒家思想，孔孟学说，恕道精神，启迪世人共建中国人的世纪。

他最后说，过去30年来，中国做出了重大的改变，我有幸见证之。

第十二章　组成促进和平统一
政治团体联合会议

联合会议成立缘起

2012 年初，马英九连任后表示他要追求历史定位。许历农和身边一些支持两岸和平发展的朋友都认为，马英九应该在第二任大刀阔斧做一些改变，例如恢复"国统会"及"国统纲领"，隆重举办纪念"七七事变"及台湾光复等节庆活动，修改历史教科书中与事实不符的错误史观，以期拨乱反正、正本清源，让年轻人摆脱李登辉及陈水扁执政 20 年，推动"去中国化"所产生的不当影响。

2008 年 5 月马英九上台，两岸关系进入和平发展新阶段，民间促统团体如雨后春笋般纷纷成立。许历农认为，所有支持和平发展、最终走向和平统一的团体，不分左右，不分团体的工作重点，应该团结起来，一起发声、一致行动，才能扩大社会的能见度及影响力，也才能达成督促马英九拨乱反正、调整两岸政策的目标。

许历农的意见在圈内获得不少响应。参与讨论者都认为这个构想很好，但也都知道这不会是一个简单的任务。理由有二。

一、不可讳言，台湾支持统一的团体一向有所谓"统右"及"统左"之分，二者虽都支持两岸关系和平发展，也都以追求和平统一为终极目标，但由于平日鲜少来往沟通，要所有团体负责人坐在一起开会，对一些重要事情达成共识，甚至一起行动，绝非简单之事。

二、在过去，许历农领导的新同盟会及民主团结联盟，曾多次与中国统一联盟、海峡两岸和平统一促进会，就个别议题，例如庆祝台湾光复、反"入联公投"、反"3·26"游行、保钓游行等，共同召开过记者会，发表过共同声明，但都限于议题性合作，并非长期合作。

正因为如此，大家更加觉得只有许历农能担任这个联合会议的发起人，因为他不仅是新党及"统右"团体的"精神领袖"，受到爱戴，"统左"团体对他也一向异常敬重，由他来号召，可以说是不二人选。

许历农觉得自己年纪太大，恐怕力不从心，但最后还是答应了。眼见不能再推，许历农请人草拟组织要则，筹备成立事宜。他特别要求在要则中明文规定，主席任期为一年，各团体的负责人应轮流担任会议主席。

第一次会议发表《碧血黄花天地鉴　赤胆忠心日月明》宣言

2012 年 3 月 9 日，在许历农的召集下，十多个民间政治性团体派出一至二名代表，在台北会师，正式组成了"人民政治团体联合会议"。

　　由出席名单可见，许历农的确有一定的号召力，几乎每一个被通知到的团体，都由负责人与会。当天出席的代表有：新同盟会会长许历农、常务副会长陈志奇、副会长陈兴国，新党主席郁慕明及全委会顾问李胜峰、中国统一联盟主席纪欣、团结自强协会会长汪元仁、海峡两岸和平统一促进会会长郭俊次、中华统一促进党主席张馥堂及秘书周国珍、劳动党主席吴荣元、忠义同志会会长何慕超及黄其梅、民主统一会会长王化榛及副会长吴信义、中华黄埔四海同心会会长谢德善、擎天协会会长樊楚樵，夏潮联合会会长许育嘉。另有三名顾问，分别是张麟征、王晓波、周玉山。

　　会中全体与会代表通过联合会议组织要则，宗旨为维护当前"宪法"、追求国家统一目标。要则上规定本会为非传统型固定组织；每季召开一次会议，如有重大议题，得召开临时会议；会议设主席、秘书长各一名，主席任期一年，不得连任。

　　会议中，大家推选许历农出任第一任主席，郁慕明为秘书长。大家决议要发表共同宣言，说明联合会议成立宗旨及目标。经与会者热烈讨论及几度修改，当天通过并对外发布希望马英九能够把握时机，追求历史定位，恢复"国家统一纲领"，以促进国家的和平统一的宣言。

第二次会议发表《对马英九的建言》

2012 年 7 月 4 日，政治团体联合会议选择在"七七事"变 75 周年前夕召开会议。当天讨论的内容有三大项。

（一）对当前乱象之因应，子题有五：

1. 刺杀蒋经国的凶手黄文雄岂能作政治大学的杰出校友？

2. "一国两制"的"宪法"依据

3. 历史教科书必须还原历史真相

4. 正视民进党言论有向中间靠拢之倾向

5. 不容许外国人干涉内政（有外国人赴监所探视阿扁）

（二）讨论会议名称与定位

（三）对轮值主席的建议

针对第一个议题，与会者纷纷发言，最后做成决议要向马英九第二度建言。在郁慕明宣读草文后，许历农指派张麟征、王晓波、李胜峰与纪欣做文字修改，最后由李胜峰与纪欣分别宣读前言及主文。

针对第二个议题，发言踊跃但未议决。针对第三个议题，与会者同意由各团体负责人轮流担任会议主席。

对马英九的建言

　　牺牲千千万万中国国民生命、关乎中华民族兴衰存亡、关系台湾命运的七七抗战 75 周年的史实，正被刻意淡忘、扭曲。台湾当前混乱的根源之一，在于面对真实的中国历史，"台独"等刻意抹去、歪曲；执政者不仅不全力全心导正，更堕落到不敢面对，甚至附和！以至被混淆的言行，在各方推动下，充塞于台湾社会。

　　……今天我们为纪念七七抗战 75 周年，聚会于此发表声明，以期拨乱反正、力挽狂澜……

　　我们要求执政的国民党明确表态，坚持"宪法"所规定的"领土"范围，重申两岸同属一国，不容对"国家定位"的大是大非模糊以对。

　　如果马"政府"仍继续对"国家定位"的立场模糊，对"国家走向"不做更明确的宣示，只有沦为"统一无胆、民主无能、进退两难、坐以待毙"的绝境。

　　我们热爱国家民族，关心台湾前途，基于人民福祉，向马当局做出恳切建言：落实"宪法"精神，明确宣示"两岸同属一中"，共同维护国家主权与领土的完整，推动两岸关系和平发展，杜绝列强的分化，团结一致，追求国家的统一与中华民族的复兴！

第三次会议发表《勿忘九一八　保卫钓鱼台》声明

2012 年 9 月 18 日，日军侵华 81 周年当天，联合会议召开"勿忘 918，保卫钓鱼台"临时会，讨论对日本在一周前宣布钓鱼岛列屿"国有化"的因应措施。

许历农在会议中强调"兄弟阅墙，外御其侮"，两岸同胞应采取一致行动，共同捍卫主权，迈向统一中国。郁慕明认为，两岸当局在保钓上要有积极作为，包括新党最早提出的"将钓鱼台宣布为飞弹靶场"；保钓要保持理性，可以针对一些奢侈品抵制日货，但不要波及全球化时代各国合作制造的高科技产品，更不能有打砸抢的行为。

联合会议最后做出决议，要参加人人保钓大联盟林孝信发起的 9 月 23 日人人保钓大游行，并发表共同声明（如后）。

因前两次会议研拟声明稿时，与会者对会议名称一直有不同意见，这次会议上，纪欣正式提案，建议联合会名称为"促进和平统一政治团体联合会议"。该案经讨论后获得出席人员表决通过。

勿忘九一八　保卫钓鱼台

今天是"九一八事变"81周年。就在一周前的9月11日，日本将窃自中国之钓鱼岛列屿"国有化"，引起了两岸强烈的反应及全球华人一致的愤慨。

日本宣称对钓鱼岛列屿拥有主权，是根据国际法上对"无主地"的"先占"原则。但是，根据《顺风相送》等中国古籍，钓鱼岛在明永乐初年（1403）已为中国人发现和命名，并列入中国版图。甲午战争末期，日本秘密将钓鱼岛划归冲绳县管辖时，其自己的内部文书都指明钓鱼岛早非无主地，故此"划归"是非法的。后来中日签定《马关条约》，钓鱼岛列屿才随台湾、澎湖割让日本。

1945年，日本无条件投降，根据《开罗宣言》《波茨坦公告》"旧金山和约"，除本岛外，日本放弃一切战前以武力取得之领土，包括琉球在内。故琉球由美国托管，而钓鱼岛理应回归中国。

1972年，美国未经联合国同意，非法地将琉球行政权归还日本，并同时挟带中国台湾省的钓鱼岛列屿。但琉球原为中国藩属，和朝鲜一样遭日本吞并、殖民，日本战败后，理应独立。美国托管只是其独立的过程，岂可私自将行政权归还日本？且钓鱼岛被划归琉球，亦是美日片面的宣布，是对中国主权的侵害。美国归还琉球之举，引爆钓鱼岛主权争议，激起全球华人的保钓运动历 40 年而未衰。

9 月 11 日，日本将钓鱼岛列屿"国有化"，其实是将美日之间私相授受的行政权"主权化"。这是日本进一步对中国领土钓鱼岛的侵略，也是日本军国主义进一步的复活！ 1895 年乙未之役，台湾同胞曾以"竹竿装菜刀"对抗日本禁卫军；1937 年"七七事变"，中国军人壮烈地以大刀对抗日本的机关枪。中华民族受人欺凌的日子，已经一去不回了！我们严正警告日本，日本军国主义的复活，就是日本自己走向毁灭！

基于此，我们对两岸有三点呼吁：

一、两岸应各自或共同发表声明，不承认美国归还给日本的琉球"剩余主权"，重新检讨归还琉球的合法性，并根据民族自决的原则，为琉球民族争取自决独立的权利。

二、古有明训：兄弟阋墙，外御其侮。今天虽然国家尚未统一，但中国之领土主权属于中国全体国民之所有。天下兴亡匹夫有责，何况是负有保卫国家领土主权的两岸双方！因此，我们呼吁两岸应合作保钓，谁破坏外御其侮，谁就是民族罪人，天下共伐之！

三、日本已明确不接受两岸有关"搁置争议、共同开发"之呼吁，故两岸应采取积极之作为，包括共同宣布以钓鱼岛列屿为飞弹靶区，除两岸渔船外，外国船只未经许可一律不得进入钓鱼岛海域，一直到钓鱼岛"主权争议"得到解决为止。

今天是"九一八"的81周年纪念日，我们不敢忘记日本侵略对国家民族造成的灾难和耻辱。因此，我们特于今日发表声明，坚决保卫钓鱼台，绝不让"九一八"的历史重演！

第四次会议发表《"行宪"65周年纪念》声明

2012年12月24日，联合会议选在"行宪"纪念日前夕，召开第四次会议。海峡两岸和平统一促进会会长郭俊次担任轮值主席。会中决定发表声明，呼吁马英九当局必须清除李扁20年"台独"思维的遗毒，才能确保"中华民国"的"宪法"精神，巩固深化两岸和平发展，以实现国家的和平统一。

在结束声明的讨论后，许历农表示，由于前次会议将联合会议改名为"促进和平统一政治团体联合会议"后，有不少代表向他表示不妥，必须重新处理此案。许历农为尊重不同意见，请与会者充分发言。在吴荣元、王晓波、张麟征、纪欣、李胜峰表示正反意见后，许历农最后整理出五个不同的名称，并在清点与会者人数

27 人后进行表决，以第一轮前两名的名称，再做第二轮表决。最后，"促进中华民族和平统一政治团体联合会议"以 18 票过半多数获得通过，化解了争议，也顺利通过声明。

第五次会议讨论中共十八大后的两岸新形势

2013 年 4 月 29 日，联合会议在台北市龙江街湖北同乡会召开第五次会议，主题是"新领导新局势下的新思维"。中华统一促进党主席张馥堂担任轮值主席。

与会者针对 2012 年 11 月中共十八大顺利完成，习近平任中共中央总书记，2013 年 3 月第十二届全国人大召开，习近平、李克强分别就任国家主席及国务院总理。习近平在施政表现上颇具新气象，国际媒体高度关注中国的发展等情况，做了充分讨论。

大家都同意，两岸关系无疑是决定中华民族复兴的重点之一，在台湾支持和平统一的政治性团体，应扩大社会影响力及能见度，形成一股反"独"促统的势力。

许历农表示："面对大陆新局面，马英九在两岸政策上应该有更积极的作为，我也希望联合会议能对他发挥更大的影响力。"

与会者也纷纷对马英九上任以来始终坚持"不统不独不武"，又不积极推动签订两岸和平协议表示失望，并提出各种建议，但未做出决议。

这次会议未通知媒体，纯属内部意见交流。

第六次会议发表《敬告执政党：左右不可逢源要有中心思想》声明

2013 年 12 月 19 日上午 10 点，联合会议在台大校友会馆召开会议，中华民族团结协会理事长夏瀛洲担任轮值主席。与会者针对大陆日前宣布东海防空识别区，国民党竟让"立法院"通过决议，谴责大陆，呼应民进党"联合美日围堵大陆"的论调，进行了讨论。

与会者决定发表宣言，对执政的国民党提出警告，并在会后召开记者会，由秘书长郁慕明公布会议通过的宣言（如后），由夏瀛洲解释东海防空识别区。

敬告执政党：左右不可逢源　要有中心思想

时值孙运璿先生百年冥诞之际，人们缅怀孙先生的风骨，同时也不免感叹，如果当年继承蒋经国先生的非李登辉，台湾就不会沦落到今天的处境。李登辉无疑是败坏体制的始作俑者，但我们也要问，台湾如今的困境，难道只应由李登辉一个人负责吗？

回首 2008 年，中国国民党重新执政，短短一个月内，便开放两岸"三通"，实现连战主席 2005 年和平之旅定下的路线，开启两岸和平发展。2012 年"大选"，这条路线获得人民支持，中国国民党因此才能过关，继续掌握执政权。此后，绿营不得不调整"台独"路线，开始与大陆交流。显然，两岸和平发展是正确的道路，是谁也无法阻挡的潮流。

然而，近来执政党的表现，却将台湾带上回头路，致使亲痛仇快，两岸关系蒙上阴影。大陆刚宣布东海防空识别区，身为"国会"多数党的执政党，竟让"立法院"通过决议，谴责大陆，呼应民进党主席苏贞昌"联合美日围堵中国"的论调，却对实际拦截我民航机的日本不置一词。执政党甚至洋洋得意，认为这是权力平衡，在大陆、美日之间左右逢源，是所谓"和陆，友日，亲美"的战略。我们对此深表不以为然，并且严正提出警告：只怕平衡不成，反倒玩火自焚。

大陆划定东海防空识别区，是针对美国撑腰默许、纵容日本将钓鱼岛"国有化"的行为。请问：在执政党心里，钓鱼岛到底还是不是我们的？根据"宪法"，两岸同属一个中国，大陆为保钓向美日宣示防空识别区，台湾不支持还加以谴责，岂非卖国？日本军国主义猖狂，台湾身受其害，竟还配合一起抵制，尊严何在？

何况这些年来，支撑台湾经济的基础，是大陆广大的市场，唯有两岸关系稳定，台湾才有出路。我们相信，执政党也明白这个道理，却意志不坚，想要两面讨好。两岸要和平，蓝绿都知"台独"是死路，但妄想左右逢源，一边接受大陆的让利，一边作美日制衡中国的帮手，结果必然无法"和陆"，只会将自己推向险境。

因此我们严正提醒执政党，孙中山先生推翻帝制、创建民国，就是为了国家统一、民族振兴。对台湾而言，不应有选边的问题，因为我们本来就是中国人，就该走中华民族复兴的道路。过去五年，执政党开创了两岸新局，却始终没有明确的步骤和目标，乃至在攸关台湾利益、民族大义的钓鱼岛争议上，竟有"宁认美日做干爸，不与大陆做兄弟"的荒谬心态。我们要明白指出，确保两岸和平的路线，就是由两岸交流、共同发展进到政治协商，最后的目标就是和平统一。这是20年前马英九主席参与制定的"国家统一纲领"揭示的路线，请今天的执政党不要回避，真诚面对！

农历年后，陆委会主委王郁琦可能访问对岸，和时任国台办主任张志军商谈两会互设办事机构、开放媒体常驻等议题。我们认为，现在正是两岸从共同发展走向政治协商的关键时刻，两岸内战的敌对状态尚未正式终结，台湾应主动就停战协定及和平协议，和大陆交换意见，争取在两岸政治协商中的发言权。同时，为配合两

岸逐步从经贸谈判走入深水区，双方有必要开启比海基
—海协、陆委会—国台办更高规格的政治对话。

两岸的政治协商可能要谈很久，但绝对不能不谈，
因为两岸关系不进则退，台湾已不能再承受逆转的代
价。妄想左右逢源，非但确保不了和平，而且还将带来
危险。执政党只有坚持两岸同属一中，两岸人民都是中
国人，坚定中心思想，才不至成为历史的罪人。中国国
民党要在 2016 年后继续在台执政，就必须贯彻孙中山
先生"和平、奋斗、救中国"的意志，振兴中华民族，
才能让人民看见"马立郝强胜"（马力好强盛）的未来。

第七次会议讨论"3.18 学运"对两岸关系的影响

2014 年 4 月 21 日，联合会议在新党党部召开会
议，新党主席郁慕明担任轮值主席。

当天会议主要是针对"3.18 反服贸"学生占领"立
法院"、后又攻进"行政院"，乃至"后学运时代"的乱
象问题进行讨论。许历农首先表示，他对学生此种作为
及马当局软弱无能的回应措施，感到痛心疾首。

郁慕明直批，学生把"反政府"、抗争合理化，罪
魁祸首是李登辉及李远哲的"宪改""政改"和"教
改"，为阻止教育与社会向下沉沦，将号召群众于 5 月
4 日上凯道，"新五四"的目标是要重建新秩序，尊重

法治、回归民主。他并强调，当天活动不是政党活动，不希望候选人穿背心参加，但欢迎所有认同中国人身份的民众"路过"。

第八次会议讨论 2014 年底选举国民党大败后的台湾政局

2015 年 5 月 8 日，联合会议在台大校友会馆召开会议，此次会议由劳动党主席吴荣元担任轮值主席。拟定的讨论主题有二，一是因应台湾政局，凝聚共识并研议对策；二是集思广益，扩大纪念抗战胜利暨台湾光复 70 周年。

许历农在会议开始时表示，大家在国家民族的大前提下应该团结，两岸都是炎黄子孙，应携手实现中国梦，最近看到习近平提出"一带一路"的倡议是共同追求互利双赢，这是中华民族利己达人的理念，值得大家共同努力追求奋斗。

第九次会议讨论民进党全面执政后的两岸关系

2016 年 4 月 8 日，许历农邀请联合会议所有团体负责人，在台北市共进午餐。

许历农首先表示此次邀约有两个目的，一是联合会议自 2010 年组成至今，已开过将近 10 次会议，也曾于 2014 年 9 月获邀以"台湾和平统一团体联合参访团"的名义前往北京参访，但这一年多以来鲜少开会，想请各位团体负责人对联合会议今后是否应该继续运作表示意见。二是不放弃"台独"路线的民进党即将于 5 月 20 日全面执政，未来两岸关系何去何从，大家应集思广益。

针对许历农提出来的两点，每一个与会者先后发言，讨论热烈，特别是对蔡英文即将上台，国民党在"立法院"又首度成为少数党，感到痛心及忧心，但对联合会议如何继续运作，均未提出具体建议。

许历农在午宴结束前表示，谢谢大家这些年来的努力及合作，相信每一个团体今后都会在反"独"促统的工作尽心尽力，但联合会议在所有团体未达成共识前暂不运作。

第十次会议讨论蔡英文执政一年后的台湾政局

2017 年 4 月 30 日，联合会议在台北"三军军官俱乐部"一楼祥瑞厅召开会议。轮值主席是中国民主统一会理事长吴信义。

许历农在会议开始时致辞。他表示，联合会议在过去五年已发挥一定功能，他希望联合会议还能继续下去，但一定要有人愿意承担责任。

当天讨论议题有二，一是蔡英文执政转眼一年，"台独"路线昭然若揭，现状非但没有维持，两岸情势紧张加剧，我们应如何应对？二是民进党假借"转型正义"之名，全面斗争对手、整肃异己，一面清算国民党党产，进行年金改革，一面企图炮制"保防法"，制造绿色恐怖。身处此一乱局，我们如何发展？

与会者对两个议题讨论热烈，纷纷发言，但当天未做成决议，最后授权由秘书处在 5.20 前草拟声明内容，交由所有团体审核通过，在 5.20 之前对外发表。

联合会议发表"5.20 声明"

2017 年 5 月 16 日，所有联合会成员，包括许历农主席、三名顾问：张麟征、王晓波、纪欣，以及工党、中国统一联盟、中国全民民主统一会、中国新洪门党、中国台湾致公党、中华民族团结协会、忠义同志会、中华黄埔四海同心会、中华统一促进党、中华爱国同心会、夏潮联合会、海峡两岸和平统一促进会、商工统一促进会、劳动党、新同盟会、新党、一国两制研究协会，均收到联合会秘书处新党办公室的来函说，根据 4 月 30 日会议结论，拟定共同声明，敬请签署确认。

据秘书处事后告知，所有团体及顾问皆签名同意声明内容，秘书处于 5 月 18 日对外发表声明如下。

5.20 声明

2012 年 3 月，时值马英九刚刚当选连任，在许历农将军的倡议下，召集了台湾岛内主张和平统一的多个政治团体，组成了"促进中华民族和平统一政治团体联合会议"。我们多次建言，中国国民党必须拨乱反正，厘清路线，恢复"国统纲领"，明确统一目标，和对岸谈判和平协议，为台湾开辟一条安定繁荣的道路。

蔡英文就职满周年，国民党已丧失政权，民进党全面执政，除了清算斗争，毫无半点建树，经济更加恶化，两岸陷入停摆。蔡当局宣称"对抗中国"，和日本组"命运共同体"，台湾已从统"独"意识形态之争，走向中华儿女和媚日势力之战。原本稳定的情势，变得危机四伏，台湾人民怎么办？我们必须说真话。

过去马英九讲"不统不独"，如今蔡英文号称"维持现状"，但实际上却强烈地推动"去中国化"，更加速地把台湾推向战争。日前大陆召开"一带一路"高峰论坛，以和而不同的王道思想，取代弱肉强食的霸道主义，成功开创了合作共赢的新模式。21 世纪是中国人的世纪，正从梦想走向现实，台湾既不可能绕过大陆走向世界，全世界也不可能置大陆不理。

　　台湾需要和平发展的空间，台湾不要战争的风险，面对大陆，让我们理性地谈统论"独"：现实中，"台独"非但做不到，还要我们先付出高昂的代价；承认"九二共识"，认同两岸同属一中的核心意涵，平等协商，共议统一，当然是台湾最好的出路。

　　大陆多次强调，"一国两制"是两岸最佳的统一方式，台湾地位不同于港澳，实行"一国两制"的内容也不相同，需要两岸坐下来好好地谈。我们必须诚实地告诉大家：因为民进党倒行逆施，台湾的筹码已经不多了！台湾未来的命运，"台独"实现不了，只剩下"被统"与"统"两个选项。要怎么走？选哪条路？该是决定的时候了！

第十一次会议讨论如何因应 2018 "九合一选举"

　　2018 年 5 月 27 日，联合会议在新党党部召开会议。

　　当天会议出席者，除许历农主席、郁慕明秘书长，三名顾问：王晓波、纪欣、张麟征（按姓名笔画排序）外，团体代表（按团体笔画排序）有：工党专委钱建勋；中国全民民主统一会理事长吴信义、执行长劳政武；中国统一联盟主席戚嘉林；中国新洪门党主席蔡龙绅；中华民族致公党主席陈柏光；中华民族团结协会秘书长江铭；中华青雁和平教育基金会董事长洪秀柱；中华统一促进党主席张馥堂、中华爱国同心会会长周庆峻；海峡两岸和平统一促进会会长郭俊次；商工统一促进会秘书长连石磊；劳动党副主席蔡裕荣；新同盟会动员部主任吕代中；新党副主席李胜峰；台湾"一国两制"研究协会名誉理事长蔡帏昌。

根据以上出席名单可知，2018 年参与联合会议的团体共计 18 个，诸多团体负责人在过去几年经改选换届有所变动，但继任者皆有参与联合会议的意愿，也有两三个新的团体加入。

许历农首先致辞。他表示，政治的目的就是要谋求人民的福祉，而大陆在改革开放后坚持走自己的路，并且提出了三个方向，第一是要提升人民的生活水准，第二要促进社会生产力，第三要增强综合实力，这三点大陆都做到了，而台湾当前面对的却是"国际"日益孤立，社会日益沉沦，教育日益迷惘，经济日益萧条，我们要脱离困境的唯一途径就是两岸和平统一，并且寻求对两岸最有利的和平统一方案。联合会议成立的宗旨就是要追求和平统一，希望大家继续努力，达成目标。

许历农先行离去后，会议由郁慕明主持，讨论事项有二，一是请各党派说明在年底县市长及议员选举参选的区域及人选，以避免恶性竞争，又可相互支持，二是讨论联合会议今后的运作模式。针对第一个讨论事项，各团体负责人分别说明了参选区域，也都同意会在每一个选区支持统派团体推出的候选人。

有关第二个议题，会中有人表示，为尊重许历农坚辞主席一职之意，提议选郁慕明为联合会议主席，一年为期，另正式聘请许历农担任荣誉主席，与会代表通过该提案。

第十三章　家庭及晚年生活

许历农常说自己是三乡人。他祖籍安徽，安徽是他的第一故乡，在台湾生活了 60 年，台湾是他的第二故乡。在湖北有他的第二代、第三代、第四代子孙，所以湖北应该算是他的第三故乡。

两段婚姻、两个女儿

许历农有两段婚姻，第一段婚姻因国共内战，他随军队来台而中断。十多年后，他才在台湾与陈庆华女士再婚，许太太在 2015 年因病过世。

他有两个女儿。大女儿名字叫绮燕，是为了纪念她在北京出生。绮燕幼年过得很苦，后来回过安徽，但在安徽生活不下去，于是到了湖北她姥姥家去住，从此在武汉住下。

许历农离开大陆时，绮燕才三个月，一直到她快 40 岁时才知道她的生父是谁，之后她几乎每年都来台北探望父亲，2000 年后许历农也经常去武汉，与大女儿全家同住。他很喜欢武汉，在那边交了一些朋友，特别是他的外孙许念非常孝顺，也很上进，在前些年结婚生子，所以许历农常骄傲地说，他在大陆是四代同堂。

许绮燕早年没机会读太多书，后来在父亲的鼓励下读完中专、大专，先后担任过湖北省咸宁市工商联合会会长、湖北省政府参事、湖北省政协委员、中国国民党革命委员会湖北省委委员兼湖北省委机关副巡视员、鄂台经济交流协会副会长等职务。

许绮燕爱好文艺。许历农非常喜欢她于 2006 年发表在《江淮文史》的《海峡两岸是我家——兼记我的父亲许历农》文章，本书特将该文放在此章后，以飨读者。该文记录了许绮燕与父亲相认以及之后来台与父亲相处的时光，可以说是珍贵的第一手资料。

许绮燕每一年跟夫婿来台时，总是许历农最快乐的时光。绮燕的先生很会做菜，许历农在他们来台期间，偶尔会请几个好朋友去他家吃湖北菜。任何人看到他们父女和乐融融，甚至经常打趣的相处模式，都为许历农能在晚年有大女儿照顾感到高兴。

许绮燕十多年前得过癌症，经过开刀及治疗，身体恢复得很好，没料到，前几年癌症复发，经过各种治疗，仍不幸于 2016 年 10 月过世。白发人送黑发人，带给许历农无限的伤痛。

许历农的小女儿许幼梅，辅仁大学英文系毕业后留学美国，在纽约圣约翰大学认识张乃健，后来结为夫妇。张乃健是陆委会前主委张京育的儿子，他在圣约翰大学攻读博士时，奉台湾同学会之命接待新生，没想到就这样认得许幼梅，种下二人的姻缘。

张乃健拿到学位后留在圣约翰大学教书，并在纽约近郊定居。许历农自 1993 年从公职退休后，每年夏天都会飞到纽约二女儿家小住，跟当时出生不久的外孙女建立了非常深厚的祖孙情。

在许幼梅为父亲百岁生日制作的 DVD 中，可以看到许历农捧着奶瓶喂大外孙女喝奶，哄她睡觉，祖孙二人散步的照片。幼梅于 2001 年又生了一个小女儿，虽然许历农已没有体力像照顾大外孙女一样照顾小外孙女，但他很高兴能再看到一个小生命渐渐长大。

许幼梅住的房子不大，家里摆设十分简朴，但许历农非常喜欢，经常对人说"房子虽小，却很温馨，我也住得很舒服。"

在那些年间，许历农每次去纽约看二女儿时，总会有纽约及华府的新党之友会及中国和平统一促进会的朋友请他去演讲，听他分析台湾时局及两岸关系。可能是因为在美国外务不多，许历农在华府及纽约的几场演讲特别精彩，广受听众的肯定、媒体的重视。

随着年纪愈来愈长，体力大不如前，许历农已经很多年不能搭乘长途飞机到纽约，幼梅全家只好经常利用暑假回台北来看他。许历农曾带幼梅及两个外孙女游北京故宫、长城、杭州西湖，留下许多美好的回忆。幼梅知道许历农想念他们全家，几乎每天都打电话给父亲，并经常传送两个女儿的照片。

被民进党当局逼迫搬家

2006 年许历农接获防务主管部门通知，要他从位于台北市和平东路三段 485 巷 10 弄 5 号——他已经住了超过 20 年，公家配给的房子搬迁，否则就要告他强占公家房舍。

许历农接获通知后，觉得防务主管部门可能不清楚他房舍的性质，所以立即准备了一大叠资料交给防务主管部门，其中包括 1987 年 12 月 11 日"参谋总长室"发的公文，公文受文者是许历农上将，正本送"陆军总司令部"，副本送"后勤次长室"（查照）、"总务局"（照办），主旨是："请将贵部管有之台北市和平东路三段 485 巷 10 弄 5 号房地拨交许历农上将眷住，请照办。"

许历农说："眷舍的意思是我死了，我太太还可以住，我太太死了，才需交回去。"但对方根本不听他解释，坚持要他搬离，他只好说："你告我，你赢了，我就搬出去。"

2007 年在对方坚持提告后，许历农找了李永然律师帮忙打官司，他本人也去开了四五次庭，并请了当年的"参谋总长"郝柏村、"陆军总司令"蒋仲苓开立证明书，说明他的房舍性质。

郝柏村在证明书表示，蒋经国指示他找一处适当眷舍拨交许历农上将眷住，他当时考虑许历农军籍属陆军，也知道麟光新村眷舍系闲置眷舍，乃令知"陆军总部"，以该眷舍拨交许历农眷住，此一眷舍并非随职务交接之职务官舍。

蒋仲苓证明书还说明，"陆军总部"没有提供"总政战部主任"官舍之理由及义务。

当时主管此业务的"国防部参谋本部"前"总务局局长"郭天佑也出具证明书指出，当年"拨交"的房地系作为"眷舍"住用，并非指"总政战部主任"的"职务官舍"，因而不受其职务变更影响，所以上款受文者只称"许历农上将"，而非称"总政战部主任"。另外，根据他个人任职内承办经验，眷舍其定义指作为永久眷舍，并非"借住""暂住"之意。

即使有这些证明书，法院还是不听许历农的意见。

许历农对此案至今愤愤不平。他说："那是一个大冤案，我很想打到底，还自己一个公道。但他们有的是钱，可以请好多幕僚研究案情，请好多位律师开庭、写状子，而我要自己花钱请律师，还得亲自出庭，我真是疲于奔命，无法再打下去。加上民进党当局官官相护，民进党'立委'经常在'立法院'消遣我，要求'国防部'限期处理，并发动媒体攻击我。我只好放弃，同意迁出。但由于我根本没有别的房子，迁出后，要搬到哪里去住，确实很伤脑筋。"

许历农下定决心后，通知对方会在租到房子后搬离，但没想到对方坚持要他在当年农历年前搬家，这种做法实在太过分，让很多人看不下去。

许历农很少跟人提及这一段冤屈，没想到前几年"退辅会前主委"胡镇埔在他出版的《俯仰之间——无悔、有愿》回忆录里提到，民进党当局要求许历农在农历前搬家，这种扫地出门的做法，让他觉得"国防部"的做法太过粗鲁，根本不尊重人。

胡镇埔在书中提到，他曾就此事亲自拜访许历农，许历农当时告诉他，退役上将可以选择去住和平新村的新房子，但他因为习惯了和平东路巷子内的老眷舍，未搬去和平新村，现在一下子要他搬家，还真不知道该搬到何处。

胡镇埔在书中还提到，他当时去见"国安会秘书长"丘义仁，表达自己对于民进党连安身立命的老房子都要穷追猛打，非常不认同，但丘义仁未表示任何意见。胡镇埔后来想以政战学校的名义，聘请许历农当顾问，但许历农没有答应。

搬离和平东路后，许历农在民生东路巷子里租了一个老式公寓的二楼，在那住了五年多。由于每天要爬楼

梯上上下下，膝盖愈来愈受不了，只好于 2015 年搬到
位于永和、许幼梅名下一个有电梯的房子，从此不必再
爬楼梯。

永和房子对面是一间小学，只要不下雨，许历农每
天都会在上午及下午两个时段到校园去走路，所以尽管
房子很小、摆设简单，他很满意现在住的地方，也偶然
会请熟识的朋友去家里坐坐。

另外，许历农从公职退休后，好朋友借给他一间位
于建国北路的办公室，便于他处理事情，接待客人。

晚年生活简单但不寂寞

100 岁的许历农，每天只有一个印尼外佣陪伴着
他，帮他买菜做饭，陪他去校园散步。尤其 2016 年 10
月大女儿许绮燕过世后，他又少了一个每年至少来台湾
一次陪他的乖女儿，而且随着身体老化，他已不适合坐
飞机，也因此有一年多没离开过台湾。

这样的生活，难免让人觉得他过得很孤单，但他却
不以为如此。他说他忙得很，他每天要滑手机，上脸书
发表心得，收发电脑邮件，还用手写版回信。他经常把
朋友传来的好文章转传出去，并加上评语。这让很多比
他年轻的人感到不可思议，他则说："有了电脑、手机，
我可以在家知道天下事，也可以发文表示意见。"

据许历农自己描述他的生活如下：早上 6 点起床，起床后到校园运动 40 分钟，拉筋、伸展运动。回来后吃早饭，吃一个蛋，有时吃一点地瓜，吃半个菜包子，喝一碗豆浆，里面加南瓜。早餐后睡三四十分钟，醒来后看书、看电脑、滑手机。午饭吃苦瓜、青菜、豆腐，有一块鱼。饭后半小时睡 40 分钟至一小时，醒来后看一会儿电脑，看看书，4 点半出门运动 1.5 小时，花 40 分钟走路，其他时间甩手运动。回来吃晚饭，一杯木瓜汁，一点水果，再吃半碗麦片。

许历农偶尔会出外吃中饭，但他很少让别人请客，不论跟谁吃饭，他都抢着买单，他的理由是："我老了，花费不大，你们年轻，用钱的地方还很多。"

近年来，很多人问许历农养生秘诀，他总回说："就两个字：开心。任何一个事情总放在心里想不开，是要生病的，我没有任何一件事情放在心里的。"其实，除了生活简单规律，更重要的是，许历农个性上有以下几个特质，让他得以高寿，而且每天保持好心情。

一是他待己甚严，却宽以待人，完全做到口不出恶言，即使必须说实话时，他也总是重话轻说，给人留情面。他的座右铭是"无道人之短，无说己之长。施人慎勿念，受施慎勿忘"。

二是他心中有一把尺，特别是对于他认为大是大非的事，他始终坚持原则，是就是是，非就是非。观其一生，他确实做到了他经常挂在口上的"跟着道理走""追求大是大非""虽千万人吾往矣"，也因此问心无愧，睡得好，吃得好。

三是他做事极为认真。他每次发言，不论长短，不分场合，必定先亲自写稿。而且从他的讲稿中，可发现他看书极为仔细认真；事实上，在他书房保存的两岸关系、国际政治及大陆发展建设的书籍、剪报、论文上，可见到大量眉批及心得。

四是他永远都在学习。为能上网看到更多资讯，快速收到朋友、晚辈给他的信件，他80岁后开始学电脑，并每天上网、收邮件；当他在操作电脑遇见问题时，若有人及时帮他解决，他总是笑得特别开心。而且在讨论问题时，不论谈话对象，他总是虚心请教，也直言不讳，从来不倚老卖老。

五是他乐于帮人，任何人有事相托，他总是全力以赴，把每一件事当作自己的事办。即使帮不上忙，他也总会告诉请托者如何从他处寻得协助。也正因如此，他虽从军中及"退辅会"退休了几十年，身边总有好多位在军中跟过他的部属陪伴着他，带他出出入入，而他也待他们情如父子。

不愧是文武合一的儒将

许历农官拜上将，当然是武人出身，但看过他文章，听过他演讲，跟他相处过的人，都会同意王作荣先生说的：许历农是"文武合一的儒将"，也是"以天下兴亡为己任的爱国者"。高希均先生形容他"这位上将经历显赫，但既无傲气、更无霸气，谦和如君子，亲切如长辈"，"真是一位令人尊敬的儒将"。

许历农不论担任什么职位，总是亲自写发言稿，他说讲自己写的稿，才能讲得自然，因为句句都是真心话。为了讲得、写得有根有据，他着实花了不少时间看书、找资料，但也因为这样，他对大陆每年的 GDP、两岸贸易金额等数据倒背如流，这使很多大陆官员赞叹不已。

2007 年春天，许历农曾交给作者一个陈旧的皮箱，里面尽是他的手稿，其中包括他在新同盟会、"国民大会"、"国统会"及在大陆、海外的演讲稿、发言稿。由于很多手稿都写在相当简陋的便条纸上，加上时间久远，不少已经泛黄，甚至有部分因沾到水而模糊不清，作者立即亲自将一篇篇手稿打成电子档，再经整理编辑，于 2007 年 7 月出版了《许历农文稿集——虽千万人吾往矣》。

2009 年春，华艺出版社在北京出版了简体版的《许历农文稿集——虽千万人吾往矣》。在北京的新书发表会上，许历农把版税 5 万元人民币全数捐给了安徽贵池老家的小学。同时，他把所有手稿捐给了民革，民革为此特别举办了一个捐赠仪式，由时任民革主席的周铁农接受捐赠，周主席并在仪式上承诺会好好典藏该批手稿。

海峡两岸是我家——兼记我的父亲许历农

文 / 许绮燕

遥远的名门之秀

我能记事的时候，我和我的外公外婆住在一起。我的热心快肠、乐于助人的外婆是武昌区人民代表，一天到晚忙里忙外的，倒是外公常常静静地和我处在一起。童年生活的那份乐趣、那份安全感，我至今难忘。

七岁那年，母亲接我回家，我开始上小学。在我自己的家里，我发现一个问题：我的爸爸和弟弟妹妹都姓张，妈妈姓王，而我姓许。这是为什么呢？我很想问问大人，但我没敢问。在我的中心，我在这个家中好像合理又好像不合理。生活像一个谜，我好些年都解不开。

早几年，父母在武汉市工作，父亲是一家造船厂干部，母亲是工人。后来，遇上城市人口大下放，父母先后到了通山。父亲到通山后还得到了一份看守废旧车间的工作，母亲就没有工作了，每天四处寻找一些零碎的重体力活做。最苦的是母亲，无论有伤有病，她都不敢休息。黄嘴待哺，她担心的就是找不到活做，只要能找到活，无论怎样脏、怎样重、怎样苦，她都觉得是好运气。

母亲在一个废旧车间搭了两个铺，就成了我们姐弟妹几个的寝室。我作为大姐，每天带着弟妹们到学校去，放了学，我就赶快回家帮母亲做家务，做饭洗衣收拾房子，什么都做。我努力把一切做到最好，我想做孝顺的女儿，我想看到父母脸上有欣慰的笑容。可后来我越来越清楚，无论怎样努力，我都做不到这一点。

长大一些之后，我因政审不过关入不了团，干不了我心仪的文艺工作，不能不下乡，下乡之后又抽不回城，当知青就当了十年。年纪轻轻的我在生活中首先学会了伤心，真的，有时候我很伤心，于无人处，我悄悄地啜泣。

到了 20 世纪 80 年代，台湾来的陆羽儒先生在统战部门的帮助下找到了母亲和我。我这才知道我的亲生父亲还活着，并且是国民党高级将领，官至国民党中常委、"国防部总政治作战部主任"。

母亲通过录音机对我父亲说了几句话："很想念你，不知你几时能回来，我们还能见上一面。你爱吃煎饺，我给你做"。

母亲原先一直不肯对我说我的身世，知道了父亲的下落之后，母亲主动拉我坐到她的身边，细说了以前的故事。

原来我的生父名叫许历农，曾是外公手下的兵，那时他们驻守在北平。外公很欣赏我父亲，说："此子必成大器。"果然，没几年，父亲就被提升为营长。母亲由外公做主，嫁给了我的父亲。

我出生在北平。呱呱落地，父亲好高兴，给我取名绮燕。父亲说，绮是美丽动人的意思，燕是纪念我的出生地北平（燕京）。父亲的同事们打造了一份很珍贵的礼物来贺喜，那是一块玉匾，匾上刻着四个字：名门生秀。父亲很喜欢这块匾，把它看作女儿的吉祥物。这块玉匾后来一直由母亲珍藏，直到"文化大革命"中，被抄家的人拿走。

母亲还告诉我，我们许家祖籍安徽省贵池县（今池州市贵池区）乌沙镇。我的伯父是开明绅士，很早就把财产捐献给了共产党。母亲说，你也算是出自名门，你父亲还活着，就一定会来找你。到时候，你就把玉匾的事说给他听，记住，匾上的字是"名门生秀"，你爸一听就知道你准是他的女儿。我明白了母亲叙说以前、叙说玉匾的用意：她是怕有一天她不在了，我的父亲来找我时，我们父女无法确认。

知道了自己的身世，我半天回不过神来，生活处处承受艰难的我居然是名门之秀。好遥远的名门之秀啊，那好像是别人的故事，与我无关。我们母女抱头痛哭。

南京统战部发来邀请函，请我到南京定居，我考虑再三，还是舍不得养育我的这块土地，舍不得养育我的养父和生母，我谢绝了。在南京市台办的关照下，我给生父写了一封信，并寄去了一张全家福的照片。我父亲很快就回了信，信上说："小燕，我的女儿，我很想你，恨不得时光倒转，重叙天伦之乐！"

飞过海峡有个家

随着大陆和台湾的往来禁锢逐渐放开，同根同祖的两岸人民又开始有了走动，可以互相通信，互相探望了。但台湾却因为父亲是国民党高级将领而不允许回大陆，好在还有一条政策，大陆的直系亲属可以到台湾探亲。父亲又来信了，父亲派堂兄来接我去台湾。我的堂兄许文苑原先在台湾当兵，后退伍经商。堂兄回安徽省亲之后，我们便启程了。

自从和父亲联系上以后，我天天盼望见到父亲，我好想看看自己的父亲长得什么样子，我好想在父亲面前乐享天伦。我跟着堂兄到了香港，堂兄在香港的宾馆里接通了电话，堂兄把话筒递给了我。那边传来一个洪亮、宽厚的男中音："喂，小燕……"我平生第一次听到自己父亲的声音。我一听到这个声音就忍不住哭了。父亲也激动得声音发颤："小燕，不要哭，马上就可以见面了，爸爸爱你，想你，见了面就带你到台湾玩。"父亲的声音是那样慈祥动听。我悲喜交集，情动于衷，怎么也止不住哭，只好把话筒又递给堂兄。过了半小时，父亲的电话又来了，这时我平静多了，我拿起听筒，听见父亲说："后天你就可以到台湾了，爸爸的家就是你的家，你会喜欢台湾的。后天，爸爸一定到机场去接你！"

　　那个周一下午，我和堂兄到达了台湾桃园机场。桃园机场很静，机场周围树立着许多高大的广告牌，台湾人经济意识很强，寸土寸金，都要利用。想到就要见到父亲了，我心里好激动，那一刻我对国泰民安感触颇深，要不是有两岸和平的趋势，哪有我们父女见面的今天。我张望着，我在寻找父亲。我没有看见父亲，却看见一个妇人向我走来，她就是我的继母了。我和我的继母彼此见过照片，写过信，我们很快地就认出对方。在车上继母告诉我："你爸一直准备着亲自到机场迎接你。

今天新加坡总理李光耀来台湾，你爸参加迎接他去了。公事大于家事，小燕一定能理解。"我一边擦眼泪，一边点着头。

父亲的家很简洁，电器很好，家具很整齐，没有多余的东西。父亲回家时已是晚上十点，跟随着父亲的还有几个工作人员。父亲用战抖的手抱住了我，我又忍不住哭出了声。父亲拍着我的肩，一个劲地说："能见面就好，能见面就好。"父亲的声音很沧桑，很感慨。父亲又拉着我的手坐到沙发上，我们一直谈到晚上 12 点多钟。后来父亲的随行人员请他休息，他从沙发上站起，嘱咐我说："不要拘束，这儿就是你的家，你是这个家的成员，你是回家来了。"说罢，父亲就回他的办公室休息去了。父亲再次说出"家"字的时候，我忍不住又流泪了，家的感觉真好啊！

第二天早上 7 点不到，父亲的电话就打来了："小燕，起来没有，吃早点没有？真乖，小燕怎么会这么乖！爸爸好喜欢你！"离开父亲的时候，我只有三个月，再见父亲的时候，我是快 40 岁的人了，可父亲还是把我当孩子看。父亲恨不得把那几十年的父爱一下子补偿给我。一个人没有父亲，感觉自己就像是水上的浮萍，漂浮不定。一旦有了父亲就找到了根，就知道自己是谁。心有所依，情有所系，感觉上特别安宁、祥和、踏实、宽松。

　　第一次探亲，我在台湾的家里住了 20 多天。以后，每年一次赴台省亲，每年一次回家小住。每次我都被父亲珍爱得不得了，都被一种深刻的亲情感动得不得了。家就是家，那么安全，那么舒适，那么无忧无虑。

　　有多少爱可以重来

　　母亲晚年无数次回忆起在火车站与父亲分别的情景。当时父亲说等仗一打完就回老家接我们母女。父亲和母亲都没有想到，他们这一别竟成永诀，一生一世不得再见。父亲曾几次诘问我："你妈怎么那么早就结了婚？我是十几年后才结婚，谁叫你妈这么早结婚？"父亲好像是不能谅解母亲，其实诘问包含了父亲心中巨大的遗憾和深深的失落。他遗憾的是没能和母亲永续姻缘，他失落的是那情真意切的爱。那山盟海誓的爱居然很脆弱，在现实面前不堪一击。

　　母亲出嫁的时候，只有 16 岁，正是人们说的"二八芳龄"，父亲大母亲八岁，也是少年英俊。他们感情极好。都给对方留下了美好的印象。母亲说到父亲就说："你爸真好，待人诚恳，会疼人，从不发脾气。"父亲说到母亲就说："你妈很可爱，胖乎乎的，皮肤又好，性格很温顺，很听话。"我从父母的语气、眼神中深深地感到了他们深沉久远的爱情。

以母亲的本意，她是不想再嫁，她已经没有完整的爱，再为自己谈婚论嫁。可是一个年轻的女子带着一个不谙世事的孩子，她顶不住政治和经济的双重压力，只能选择嫁人。然而，再嫁并没能使我母亲摆脱政治和经济压力。每次遇到政治运动，我母亲的问题都要被拿出来抖一抖，批一批。父亲已经成了一副沉重的十字架，重重地压在母亲背上，可母亲从来没有埋怨父亲一句。

得知父亲还活着，母亲好激动，父亲的朋友来寻找她，统战部的同志来看望她，她热泪盈眶，她知道自己再也回不到丈夫身边，再也无法承受那份真爱，但只要丈夫还在人世，她就满足了，只要丈夫过得幸福，她就幸福无边了。

父亲从不直接给母亲什么，他总是给我一些钱，对我说："你妈需要什么，你就买给她。"我陆续以自己名义用父亲的钱给母亲买了彩电、冰箱、住房和许多营养品。父亲以一种间接的方式对母亲晚年病中的生活，给予了力所能及的照顾。

近几年，父亲几次回大陆，见到了很多亲人，唯独没有见到母亲。母亲积劳成疾，卧病在床，不能走动，不能激动。我深知母亲经受不起见到父亲之后的大喜大悲，我真的不敢安排二老会面。我总想，下次吧，下次等母亲身体养得好些，再让她见父亲。2002 年，父亲因公回大陆，附带省亲，这时母亲已经衰落了，我意识到再不相见恐怕就没有机会了。我想安排父亲去一趟母亲居住的通山县。可当时武汉至通山的公路正在维修，挖得坑坑洼洼，有的地段很不安全。统战部和台办考虑要对父亲负责，不让他去通山。父亲也怕给政府添麻烦，就说："下次吧，下次我来，路就修好了，我一定去看你妈。"可是没等到下次，母亲就离开人世了。

母亲走后，我悲痛万分，一夜之间瘦了好几斤。我哭着给海峡那边的父亲打电话报丧。电话里传来父亲的声音，顿挫呜咽而又平静万分："小燕，我已经知道了！"我一惊："爸，隔山隔水，您怎么知道了？"父亲说："小燕，你妈昨晚来找我了。那年我们在火车站分手的时候，你妈说的一句话是'我好怕哟'。几十年来，我都想不起来，昨天晚上一下子想起来了，你妈在我耳边轻轻地对我说：'我好怕哟！'我一惊，就知道是你妈不行了，果然，一清早你就来了电话。我这辈子对不起你妈，请你替我在你妈坟上献一束花！"我悲伤痛哭之余，惊叹父母之间生死有灵的遥相感应！

时光啊，为什么不能倒流？祖国啊，何日才能统一？海峡两岸，炎黄子孙，一衣带水，骨肉亲情，怎能够长期分离，天各一方？愿天下有情人终成眷属，愿两

岸亲人早日团聚。祖国要统一，人民要团圆，中国人民
不要"一边一国"！

我为父亲而骄傲

和父亲相处的日子，我曾经为他的一些生活细节所
感动：

父亲生活很朴素，并不像我以前想象的，做了高官
就是锦衣玉食，父亲的穿着干净整洁庄重，被子破了、
衬衣破了他还在穿。父亲的菜肴也很简单，有一点豆
类，比如豆腐干就行。父亲不抽烟，不喝酒，不喝茶。
父亲家里有好几部电话，我到达的第一个晚上，父亲就
牵着我的手走到一部电话前，对我说："小燕，你要打
电话就打这个电话，这个电话是父亲私人出钱的，别的
都不是。"我在台湾交了几个朋友，有时候我们在外面
聚会，父亲总不让朋友们花钱。他说："小燕，你请大
家吧，你没钱，爸会给你。"

我是父亲失而复得的女儿，父亲很爱我，但他的
爱不是溺爱，对我的要求仍是严格的。第一次探亲假结
束，我要离开台湾的时候，父亲就谆谆告诫我："小燕，
你来时什么样，回去还是什么样，不要有优越感，不要
特殊，要好好学习，好好工作，做好自己的事。"我聆
听父亲的教导，几年内读完了中专、大专，我感谢父亲

的教导。

让我最骄傲的是，在海峡两岸关系问题上，父亲始终坚持一个中国的立场。父亲赞成统一，一是基于自身强烈的民族意识，爱国热情；二是受到蒋经国的影响。蒋经国在世时，已有开放两岸往来想法，蒋经国意识到不能把分裂祖国的责任留在自己这一代。蒋经国曾说，要在他们这一代把两岸关系搞好，不搞"台独"，搞一个中国。我父亲原是国民党党员，李登辉任国民党主席时，由于政见不合，从国民党脱离出来，参加了新党。由于他的资历而被许多人亲切地称为"许老爹"，成为新党的精神领袖。新同盟会会长也是我父亲。

这些年，父亲为祖国统一做了很多工作。在台湾，他参加过反"台独"大游行，跟着游行队伍一走就是十几里；他去日本、俄国、德国参加过世界华人统一促进会；他到香港、澳门参加过回归庆典，还到北京参加过辛亥革命纪念庆典。在庆典活动的发言稿中，他写道："所有中华儿女都应该反对任何形式的台独！"

父亲到过上海，汪道涵接见了他；2001 年又代表新党到北京，江泽民总书记、钱其琛副总理接见了他；并就两岸关系达成了六点共识。2002 年上半年，他忙于台湾地方选举事宜，目的是希望赞成两岸统一的人士多当选几席。

　　2002 年，陈水扁认为时机成熟，在他从前观点的基础上，变本加厉地提出"一边一国"的论调。父亲很气愤，在人前公开表明立场：维护祖国统一，反对"一边一国"！

　　2005 年 9 月，北京举行了隆重的纪念中国人民抗日战争暨世界反法西斯战争胜利 60 周年活动，父亲和台湾几位参加过抗日战争的老将都受到国台办的邀请。会期将近，父亲突然生病，高烧摄氏 40 度住院打点滴。当他知道被邀请的人有的因年老体弱行动不便而不能参加会议，有的因为害怕台湾当局扣"红帽子"不敢去参加，他心中非常不安，于是在开会的前一天说服主治医生办理出院手续，乘第二天早上的飞机赶往北京参加会议。他拖着带病的身体，坚持在北京开完会后，又赶到福州以新同盟会会长的身份参加中国同盟会成立 100 周年纪念活动，会议中父亲阐述了台湾新同盟会反对"台独"与促进国家统一的几项重点工作：消除两岸的仇视；加强两岸经济交流；加强两岸人民往来；推动"国家统一纲领"。9 月 9 日又赶到南京，和解放军上将向守志先生一起参加在当年接受日本投降的原址（南京中央军校大礼堂）所举行的两岸同歌抗日战争胜利 60 周年纪念活动。

　　父亲说他晚年的生活将分作三个三分之一：三分之

一在大陆，三分之一在台湾，三分之一在美国（我的同父异母的妹妹在美国）。父亲的朋友说他做不到，因为他忙于祖国统一，抽不开身。看到已 85 岁高龄的父亲不辞辛劳地两岸奔波，我很心疼，有时也劝父亲："爸，您也是 85 岁的高龄了，何必还这么辛苦呢？也该休息了。"父亲对我说："傻丫头，你知道吗？人生 70 才开始，你爸爸还年轻。"接着又叹口气说："我多么希望有生之年，能看到两岸中国人共走一条和平统一之路啊。"我不禁泪流满面，心里暗暗地说："爸爸，敬爱的爸爸，您的女儿将和您一样，为了两岸早日和平统一，生命不息，战斗不止。"

我从心里敬佩父亲，我由衷地赞叹：老爸，您是个人物，女儿为您骄傲！

附录一

向名嘴说几句真心话

（2010 年 7 月《联合报》民意论坛）

最近台湾电子媒体谈话性节目经常讨论两岸关系，参与者多为社会名流、学者专家，受到社会高度重视，影响至巨，稍有偏失，就会造成国家、人民重大伤害。我个人从将近 30 年前，因职务需要，关心两岸关系，退休后仍习惯性继续留意，从未间断，多年累积，或有"愚者一得"，愿诚恳地、善意地向谈两岸关系的名嘴，说几句真心话，以供参考。

一、两岸关系已不再是"汉贼不两立"的时代。

最近上述谈话性节目，常出现"汉贼不两立""仇匪""恨匪"的说法，其实，这是三四十年前实施"反共教育"的术语。从 1987 年经国先生宣布"解除戒严、开放两岸探亲、交流"，接着，于 1988 年废除"动员戡乱时期临时条款"，乃至以后日益增长的经贸交流，直到国民党重新执政，马英九推动"三通"、直航，签订多项经贸协定，特别是最近的《两岸经贸合作框架协定》（EFCA）。前不久两岸领导人先后发表两岸关系 16字箴言：大陆提出"建立互信、搁置争议、求同存异、共创双赢"，台湾方面也表示"正视现实、建立互信、求同存异，共创双赢"，现在再说"汉贼不两立""仇匪""恨匪"似乎有些突兀。

二、美国人的政策言行，多在维护美国国家利益。

美国从不讳言美国政策的制定，是以美国国家利益为前提、为基础。台海两岸维持敌对的现状，最符合美国国家利益，既不会挑起两岸战火，让美国左右为难，甚至掉落火坑，无法自拔；又可以替美国牵制大陆、守往前哨；同时还可以出售大量退役废弃之军火，赚取台湾外汇，一举多得，何乐而不为？

也许有人以为利用大陆与美矛盾，暂图苟安，甚至获取某些利益，未尝不可，不过我们也必须考虑，一旦美国为求更大、更高利益，弃我而去，像1949年发表《中国政策白皮书》；1979年一夜之间"断交"、"废约"、"撤军"一样，届时我们可以运用的筹码尽失，我们将何去何从？

三、大陆和平崛起是我们必须面对的现实。

大陆自邓小平先生于1978年提出"改革开放"，30多年来，经济发展突飞猛进。眼看她快速地超越过全球七大工业大国（1995年超越加拿大，2000年超越意大利，2005年超越法国，2006年超越英国，2007年超越德国），近年又超越日本，成为仅次于美国的世界第二大经济体。全球知名、总部设在纽约的高盛公司预估

2027 年中国经济实力将超过美国，成为世界最大的经济体。

　　早年，国际间并不看好大陆的经济发展，20 世纪 90 年代世界上就弥漫"中国崩溃论"的氛围，当时李登辉就常预测大陆将在什么时候崩溃。最具代表性的著作是美籍华人章家敦写的《中国即将崩溃》。可是，若干年后，大陆不仅未见崩溃，反而发展更加快速，于是又有美国人威廉欧佛（William Overholt）1996 年在美国出版 *The Rise of China*，（台湾版译成《中国威胁》），另外吴建德先生 1996 年 4 月在台湾出版的《中国威胁论》也很有代表性。直到 2009 年世界金融海啸，大陆不仅帮助美国，更带领世界走出世纪金融危机。如今国际流行的是"中国模式如何主导 21 世纪"，代表性著作有美国人约翰奈思比（John Naisbitt）写的《中国大趋势》（*China's Megatrends*），和英国人马丁雅克（Martin Jacques）写的《当中国统治世界》（*When China Rules the World*）。究竟未来 30 年大陆如何变化，要看大陆领导人的智慧和大陆的命运。

　　西方学者保罗肯尼迪（Paul Kennedy）说"一个国家行使和保持全球主导权的能力，最终取决于生产力"。经济实力是政治、军事乃至文化的基础和动力。大陆的经济实力是具体的事实，台湾和大陆一水之隔，近在咫尺，摆不脱，也搬不走，如何面对因应，必须及早筹谋，千万不能掩耳盗铃。

四、军事互信机制是预防突发战争的安全阀。

建立两岸军事互信机制，是预防因误会、误解或误判，擦枪走火发生意外的战争，以保障人民生命及财产安全，维护社会安定、稳定状态。社会大众基本上应该不会有任何反对意见，我以为只有美国朋友会担心：一旦军事互信机制建立，两岸敌意消除，如果，进而促成了两岸领导人都曾声称过的"建立互信"，台湾对大陆的"牵制"作用将完全消失，出售武器也不再有正当借口，当然这会伤害到美国国家利益。

当局也许有某种"难言之隐"，说"建立军事互信机制，目前时机尚未成熟"，我们当然理解；民间乃至退伍军人、高级退休将领，怀爱国情操，不违背法令，符合政策，不"越俎代庖"地前往大陆进行交流，建立情感，减少敌意，消除战争隐忧，似乎不必过分苛责。

五、大陆"改革开放"以后的"统战"意义。

大陆在一段历史时期，"统战"的确是"不断斗争论"思维下的产物，可是，从邓小平领导的改革开放以后，已经消除了这种斗争的思维和做法，邓小平曾公开宣布"目前中国社会的矛盾，是人民日益增长的物质文化需求与落后的社会生产力的矛盾，故必须以经济建设为中心，逐步达到共同富裕的目的"。统战部门今天所做的工作是：协调、团结、和谐、建立情感工作。

赴大陆的将领几经战争洗礼及军事训练，其思维判断、国家立场、军人气节，不容置疑。纵使出入统战部门，也不会失格、失态，应该可以不必过分担心。

总而言之，尽管我坚信台湾同胞对中华文化的坚持，血缘亲情的确认不会动摇，但是经过李登辉、陈水扁先后20年从教育、文化上刨根换土，对两岸关系的确造成诸多障碍。突破之计，我个人非常认同、支持前几天《联合报》一再提出的"世界上只有一个中国，……中国领土主权不容分割。"在这个前提下，经济、军事相互支援，政治、对外事务共同参与。这当然是一个非常复杂、艰巨的政治工程，但"有志者，事竟成"，只要两岸执事诸公有诚意、有耐心、有毅力协商推动，必能成功，甚至开创更高、更好的局面。

我为什么以前"反共"，现在"促统"？

（2011 年 4 月初）

《自由时报》3 月 25 日以社论指名批评本人，以前"反共"，现在"促统"的诸多不是，以下文章（我为什么以前"反共"，现在"促统"？）就是针对该报批评的坦诚说明，并于 3 月 30 日，以专函挂号投寄该报发行人吴阿明先生亲收，但一直没有任何回应，显然摆出一副"岂奈我何？"的媒体"霸凌"姿态！我，身处社会弱势，万般无奈下，只好将"拙作"贴在自己的脸书上，请我的朋友做个评判，有人说"你 90 多岁高龄还是这么大火气"，真的"予岂好辩哉，予不得已矣！"

我知道我的朋友也未必都认同我的看法，尤其在前 20 多年，由于学校教育、社会舆论受到李登辉、陈水扁的精心洗脑后，整个社会价值观扭曲、变质；不过，我始终坚持跟道理走，谦卑地走向道理，站在道理一边思维、说话。所有合理的指教，我都虚心、诚恳、感恩地接受；但如果像《自由时报》一样无的放矢、肆意谩骂，当然不会受到欢迎。我，誓以余年，为捍卫道理而战！

《自由时报》自称是台湾"第一大报"，我认为大报必须立场中立、态度公正，新闻处理以超然的态度平衡报道，两面俱陈。日前贵报以社论指名批评本人以前"反共"现在"促统"的诸多不是，相信贵报一定会接受，甚至寻求我的"说明"，以显现"平衡报道、两面俱陈"的大报风格！

我以前之所以"反共"，是反对一些不当作为，诸如限制个人（家庭）生产，大跃进、土法炼钢违背科

学，"文化大革命"破坏社会秩序及历史文物，教育形
同停滞状态。

　　很清楚，这些是当年我为什么"反共"的道理。现
在，为什么不再"反共"而要"促统"呢？

　　因为大陆自邓小平推动改革开放以来，如他所说：
"解放思想，实事求是，尊重群众首创精神，建立有中
国特色的社会主义"；"实践是检验真理的唯一标准"；
"走自己的路不以书本作教条，不照搬外国模式"；"白
猫黑猫抓到老鼠的就是好猫"；"施政作为是非对错的标
准：要看是否有利于提升人民生活水平，是否有利于发
展社会生产力，是否有利于增强综合国力"。这些话的
意思，我们可以清楚看出，他不要再遵循任何书本，不
要再照抄外国模式，实事求是地以提升人民生活水平，
发展社会生产力，增强综合国力为标准，摸索、寻找出
一条有效的治国方案——建立中国特色的社会主义。

　　大陆从 1978 年推动改革开放以来，已经 30 多年
了，有中国特色的社会主义究竟有些什么作为和成就？

　　——彻底消除了阶级斗争的思想，循序进行了政治
体制改革。

　　——有效开放社会生产力，快速推动基础建设，提
升经济成长。

　　——推行扶贫方案，大幅减少贫困人口。

——推动科学教育，迅速提升科技水平，目前已加入国际太空竞赛。

——改善两岸关系，强调"求同存异"，追求"互利双赢"。

——发扬中华文化，除在学校、社会教育着力外，并在国际上建立百余所孔子学院。

目前大陆已经不再是贫穷、落后的社会，而是世界第二大经济体，除了域内生产总值低于美国居全球第二之外，其他如进出口贸易、外汇储备及若干产品（包含电子产品、汽车等）生产量都是世界第一。冷静思考今天大陆的思想和作为，完全符合正常发展的原则，对两岸亦属有利。当年"反共"的理由早已不复存在，当然不能为反对而反对，这就是我不再"反共"的理由。

再说促统，统一是"宪法（包含宪法增修条款）"一贯追求的目标，当年我们高喊"反攻大陆""光复大陆国土"，乃至"为中国生存发展而战"，都是为追求国家统一的具体主张。

今天，因为客观形势特别两岸关系的改变，我们为适应现实环境，主张两岸尽速签订并公布"世界上只一个中国，中国的领土、主权不容分割"。在这个基础上两岸经济、军事相互支援，政治、外交共同参与。

也许有人会觉得：为什么不考虑"台独"选项呢？

其实，只要稍加理性思考，就会发现"台独"不仅在主观上（血缘、文化）不应该，更在客观上（相对形势）亦不可能。陈水扁早在 2005 年 3 月 3 日就郑重地说"台独，绝对办不到，我不能自己骗自己，不能骗别人，我做不到就是做不到。"这样明确的结论还不够清楚吗？

国际知名学者保罗肯尼迪（Paul Kennedy）在其名著《大国的兴衰》（*The Rise and Fall of Great Power*）中说："一个国家行使和保持全球主导权的能力，最后取决于它的经济实力。"大陆自改革开放以后，其经济实力迅速超越全球七大工业国中的六国，目前为仅次于美国的世界第二大经济体，甚至有人预测一二十年后大陆将超越美国领先全球。

台湾与大陆相隔一衣带水，近在咫尺，搬不动，移不开；理性明智的抉择，唯有选择两岸"互利双赢"的统一方案，国家之福，人民之福！

最后，我顾郑重声明：我已 90 多岁高龄，公职退休 20 多年，没有任何官职，我所有的说话，亦都在"宪法"保障的言论自由范畴之内。把我的话扯到马英九，其用心和企图，即使不是明眼人，亦能看出究竟！

愿天佑中华！

本来无一物　何处惹尘埃——中山黄埔两岸情 "风波" 有感

（2011 年 6 月 17 日）

真的没有想到，在同学联谊性座谈会上的一席 "不会影响政局，对两岸关系也未必发生什么作用" 的家常话，竟引出震惊马英九的偌大风波，有些惊奇，更感到非常遗憾。真的是 "本来无一物，何处惹尘埃"！

既然风波已起，我就趁便说一说根苗。坦白说，我个人从来就主张国家统一，我确实在座谈会上说："统一是两岸共同追求的目标，当年大陆要武力解放台湾、和平解放台湾，武力也好，和平也好，为的是追求国家统一，如今初现和平统一曙光，就不该瞻前顾后，犹豫不决"。

统一是为民族国家利益，社稷百姓福祉的主张。其实，从 1988 年废除 "动员戡乱时期临时条款" 之后，两岸之间本来就不应再是敌对关系，再有敌视情结；照道理说，对等、互利、双赢的统一，早该搬上台面做理性的讨论了，为什么 20 多年迟迟未能实现呢？显然是受到 30 多年前 "反共教育" 的影响。

当年为反对、反制大陆，实行并传播共产主义制度下的诸多措施和作为，实施"反共教育"，社会大众至今仍相当程度地受着当年"反共教育"的影响。其实大陆自邓小平先生领导"改革开放"以后，曾说："走自己的路，不以书本作教条，不照搬外国模式，建立有中国特色的社会主义。"如果我们争的是福国利民的制度，而不是权力，现在就已接近完成了。

这就是我当时的说法和想法，我从来没有忘记我是谁，我是现年 93 岁、退休将近 20 年、无任何公职的一介平民，没有任何包袱、情结，不会再追求名位、利益，只想在撒手人寰之前，把我从抗战、"戡乱"、保卫台湾诸多战役中的体会，以及连续观察六位领导人的领导作风与政策所得到一些心得，贡献给台湾同胞和中华民族。我确实知道"我明天会更老"，但是我虔诚期盼我生活 60 多年的台湾和台湾乡亲"明天会更好"！

几十年的体会和心得总结，我一贯坚持并多次公开主张的统一，就是"在不变动台湾现况（维持现状）的原则下，两岸共有一个中国，军事、经济相互支援，政治互信"。这是台湾保持稳定、安定、安全、永续繁荣发展的唯一途径、最佳选择。经国先生曾说："时代在变，潮流在变，环境也在变"，我们必须面对现实，不再墨守成规，大步迈向互利双赢的国家统一。

附带一提，台湾社会，无分朝野，一切为选举的思维，而常把"民调"视为趋势的指标，马当局近年民调诸多分项中得分最高的总是"两岸关系"，当下加强两岸交流，改善两岸关系，肯定对马当局加分，千万不要误判，要提高警觉，预防误导！

郝柏村曾说："对国家担心、忧心、不死心。"以上谈话正是我"不死心"的肺腑之言，愿人神共鉴！

2012年"大选"后向马英九建言

（2012年2月24日发言稿）

"大选"之前为了胜选，我们谨言慎行，怕影响选情，今天我想说我想说的话、该说的话，以供参考。

马英九承认：未来四年将承受"历史评价"的压力，我们认为今天的"琐言""琐事"，都是明天的"历史"，我们今天的建言未必代表人民的意旨，但一定是历史的主流，从源头流向永远。没有报告之前，先向马先生做三点说明：

我今天建言的时间是30分钟，我请求准许我先报告，再请训示。我报告的部分有谈到过去的事例，是为说明道理，我请求不要视为陈旧、保守，道理是没有时间性的。我的报告纯属建议，我坚信当局认定的道理和

我们完全一致，采纳不采纳，我都不介意，且会一贯的
拥护您，当然我还是恳请您采纳，因为这是对历史负
责。下面是我的建言：

一、负起中国历史、文化传承与发扬的使命：第一
项建言也是我们今天建言的主轴就是："马英九未来四
年，必须旗帜鲜明的负起中国历史、文化传承与发扬的
使命。"从 1988 年到 2008 年，李登辉、陈水扁相继执政
20 年期间，对中华文化的斫伤，对中国历史的扭曲，必
须从速"拨乱反正"，使历史归还正统，恢复原形原貌。

二、导正李、扁"台独"思想之影响：常言道：
"为政在人"、"用人唯才"，政府官员之启用，固不宜局
限于派系、政治色彩，唯才是用；但必须认同中华文
化。李、扁执政 20 年后的今日，各级政府官员、社会
意见领袖，乃至各大媒体记者，很多都受李、扁政治
（"台独"）思想熏陶，国家意识模糊，资讯鉴定，价值
判断，乃至意见签报，也都受到严重影响。据传在这次
选举初期，有某人以国民党中常委身份，传达各助选团
体，不要有国民党任何标志，以免影响投票意愿，此人
或许没有任何政治意图，但这种现象确实非常危险。导
正之道，唯有从教育、训练入手。李登辉至今仍保有李
登辉学校、民进党有凯达格兰学校，两蒋时代也设有各
项训练机构，经常召集各机关学校干部，重要专家、学

者，乃至由选举产生之地方首长、民意代表集训，至李登辉就任后，始逐渐废除，由李登辉学校取代。我确信类似训练，应与极权、民主无关，当局或国民党应该恢复必要训练，敬请做长远考量。

三、修正各级学校文、史教材：李、扁 20 年，在"去中国化"的前提下，对各级学校文史课程大幅删改，几成"台独"的文宣教本，危害极为深远。教育为百年大计，事态严重，请尽速处理、有效挽救。有关文史课纲，建议趁实施 12 年一贯制，一并重新修订，最为合理、最能争取时效。敬请慎重思考。

四、重视媒体功能善加运用：媒体是社会教育、政府政策宣导（民意导向）的重要工具，诚然，基于新闻自由，政府不应控制媒体，但政府不能不运用媒体，当今公私团体几乎都掌握有媒体。经国先生在位时，国民党除有自己的各类媒体外，并经常接见报刊负责人如王惕吾、余纪忠晤谈，并提名他们参选国民党中常委。美国的广播（美国之音）、网站、新闻处遍布全球，唯独中国国民党、当局目前没有任何可运用的媒体，任凭民进党掌控的"三立、民视、自由时报"及地下电台横行无忌、为所欲为。长此以往，前途实在不堪设想，我诚恳建议尽速恢复以往各项媒体，责成主管单位善加运用，以发挥教育、宣导功能。

　　五、筹建台湾光复纪念馆：2015 年是台湾光复 70 周年，为使台湾百姓深切了解：没有全国军民多年的浴血抗日，获得最后胜利，就没有今天民主、繁荣、进步的台湾，故建议筹建纪念馆，以宣扬台湾人抗日史实，体现对日抗战与台湾光复的关系。

　　六、妥善研究两岸关系之建立：最后想报告两岸关系，您曾多次提出"建立互信"，我们认为建立互信之前，自己必须建立共识。首先，应该确定：现在两岸关系究竟是敌对关系，还是友好关系？因为李、扁 20 年"台独"思想的影响，目前观念非常混淆，依社会舆情、媒体报道的态度、用词，无分蓝、绿，很多仍把大陆视为敌人。当局态度也相当暧昧，2 月 16 日陈毓钧教授在《中国时报》发表专文说："去年，大陆在其国防白皮书中，首次宣示愿和台湾商谈建立军事互信机制，我政府毫无回应，还对退休将领访问大陆诸多批评指责。"他认为："军事互信机制只是安全协议，并不等于统一协议，是两岸要维持和平的必要条件"；去年（2011）7 月 26 日，美国参谋首长联席会议主席穆伦上将，访问大陆后在纽约发表感想说："非常钦佩奥巴马与胡锦涛两人的高瞻远瞩，促成中美军事互访，以增加相互了解，避免因误解而冲突，未来双方关系必然更加紧密。"照说从 1988 年"动员戡乱时期临时条款"废止以后，两岸关系早该不再是敌对关系。上述现象之产生，显然就如前面所说的幕僚人员对资料鉴定、价值判断，乃至意见签报，所造成的偏差。理应及早导正。

其次，大目标是"统"，还是"独"；您可以说"在我任期内不谈统一"，可是，"国家"没有任期，国民党没有任期，必须旗帜鲜明，不能长久模糊。客观分析：大陆、台湾相隔一衣带水，近在咫尺，搬不开、移不动，无论从血统、文化、风俗、习惯、历史渊源、地理环境判断，两岸统一是天经地义的事。没有任何替代方案。

早年两蒋一贯坚持国家统一，令先翁鹤凌先生更具体提出"化独渐统"，我们觉得"化独"之道，除教育、文宣（社会教育）并用外，各级领导应运用社会各项民间活动，用心劝说。特别党、政机关官员暨各级民意代表，尤为重要。至于与大陆的定位，我们建议在"世界上只有一个中国，台海两岸都是中国的一部分，中国领土、主权不容分割"这个基础上，两岸各自维持现状，军事、经济相互支援，对外事务、政治共同参与为主轴，进行沟通，时机成熟，两岸共同宣布。此案不仅对台湾无任何伤害，且可获得甚多实质利益。

以上拙见，敬请 钧裁！

"反共"是无的放矢

（《观察》第 9 期，2014 年 5 月号）

日前（2014 年 04 月 10 日）读《联合报》陈芳明先生就"反服贸学潮"发表的《反共到亲共的国民党》，有几点疑惑，想借贵刊就教社会大众。

文中说："再三强调服贸协议通过之后，将可创造更多就业机会，显然对年轻世代缺乏说服力，因为在签署 ECFA 时，已经做过同样的宣示，但毕业生至今仍然难以找到工作。"

大家都了解 ECFA 是两岸经济合作"架构"协议，包括服务贸易、货品贸易、投资保障等多项内含，签订"架构"协议以后，再据以逐项推动后续协商，首次推出服贸协议（《两岸服务业贸易协议》），即遭到在野党"立委"千方百计的阻挠，始终不能顺利审查及提到"院会"讨论，所以 ECFA 除"早收清单"外，其他主要内涵根本尚未生效实施，当然看不出"创造更多就业机会"的明显效果。像这样一方面阻挠 ECFA 实施，一方面又要求看到"创造更多就业机会"的效果，岂不自相矛盾？

在众包围"立法院"期间，我曾多次到现场观察，个人虽在枪林弹雨中身经百战，也感到现场气氛十分恐怖。从他们的口号、标语观察，我敢断言："反服贸"只是手段，真正目的是"台湾独立"。

其实，个人在台湾生活六七十年了，无意反对"台独"，只是任何事的是非成败，必须从该不该、能不能两方面去思考、衡量。"该不该"也许是主观的判断，可能公说公有理、婆说婆有理，我们不去管它。"能不能"是客观的事实，经得起讨论：台湾一旦宣布"独立"，订有《反分裂国家法》的大陆，会袖手旁观吗？自顾不暇的美国，会驰援台湾吗？两强鏖战以后，作为战场的台湾，后果如何？将成什么模样？我个人无法想象、不敢想象！

孙子说："兵者，国之大事，死生之地、存亡之道，不可不察矣！""只要我高兴，做什么都可以"，行吗？

陈文认为：中国国民党曾坚决"反共"，现在不应该忘记过去 40 年"反共"的立场，让很多有党籍人士跑去大陆访问。我以为"反共"不是反对大陆同胞、中华文化。

两岸开放以后，我曾多次到大陆观光访问，也曾涉猎一些有关大陆改革开放的书籍、文章。综合"改革开放总设计师"邓小平的说法，改革开放的方针是解放思想、实事求是、尊重首创精神、不以书本作教条，不照搬外国模式，建立有中国特色的社会主义。

陈文又说，改革开放以后，大陆已摇身变成"资本主义的政党"，这点我也有些疑问。据我所知，大陆在改变计划经济、实行市场经济时，内部也曾提出姓"资"、姓"社"的问题，意思是，"我们究竟是实行资本主义，还是社会主义"？

1992 年元月邓小平在深圳时，曾答复这个问题说：计划经济、市场经济都是经济手段，计划经济不代表社会主义，市场经济也不代表资本主义，社会主义可以而且应该实行市场经济。我完全能接受这种说法。

统一急不得，更不能拖

（2014 年 9 月 26 日习近平会见时发言稿）

首先，访问团一行谨向习主席及各位领导，为中国大陆惊人进步、快速发展所付出的智慧、心血、辛劳，表示敬意和谢忱。

我们都是来自台湾、主张国家统一的民间团体代表，台湾称我们为统派，到大陆就像到了自己家里。无论以前是伯伯当家，现在是叔叔当家，家还就是那个家，就是孕育我们的母亲。

我们多少年来一直追求两岸互利双赢、和平统一，我们认为国家统一是两岸正统一贯追求的目标，虽因阶段性情况不同，手段各有差异，但追求统一的目标从未改变。我们坚决反对任何别有居心，图谋不轨，企图分裂国土的阴谋。

从 1840 年鸦片战争失败以后，中华民族受尽列强欺凌压迫。一百多年来的屈辱，常思重现汉唐盛世，光大民族光辉，如今从媒体、网络得知，习主席提出中国梦构想，正是再创汉唐盛世，重光民族光辉的大业。我们非常振奋，亟盼两岸中华儿女、炎黄子孙，抛却往日的恩怨情仇，团结一致，完成两岸和平统一，共圆中国梦。

我个人已 96 岁高龄，自知来日无多。以下我想用几分钟时间，就两岸和平统一时机与互利双赢构想，做一个简单报告。

我以为两岸和平统一，是中国梦的核心问题之一，急不得，更不能拖，事缓则圆，也怕夜长梦多。再过十年二十年，我们这一代过去了，"去中国化"教育培养出来的青少年透过选举当家做主，到那时统一工作恐将更为艰难。因此，我以为面对任何可以向和平统一推进一步的方案，都应该当机立断，不必追求十全十美，一步到位。兵家常说，十鸟在林不如一鸟在手，掌握到手的最实在。

因此，我建议习主席排除万难，先构建一个统一的雏形，再求进一步发展：以"九二共识"与"求同存异"等两岸既有的共识为基础，效法邓小平先生当年的创意与勇气，共同签订一个协议。尔后视状况再图精进。

协议中的"各自维持现状"，符合"一国两制"精神，符合台湾同胞意愿，两岸变动不大。经济相互支援，可相互利用市场、技术，特别是台湾可利用大陆广大市场及对外关系，拓展贸易，扩大就业机会，加惠台湾同胞。军事上相互支援，两岸尤其是台湾可节约大额军费预算用于发展经济，改善民生，特别可发挥台湾关键地理位置的战略价值。外事活动共同参与，可满足台湾的参与感，早年联合国成立之初，组成的中国代表团，就有共产党代表董必武先生参加。协议签订后，应可杜绝列强对两岸的觊觎分化。

以上野人献曝，敬请主席斟酌。

谈谈台湾的"蓝天绿地"

（2016 年 3 月演讲稿）

很多人说今天台湾蓝天变绿地了，意思是泛绿民进党取代泛蓝国民党执政了，这是什么原因？从这次"大选"的数据，可以看到一个梗概。

这次国民党从 2012 年马英九得票 689 万余票，骤降到 381 票，比上届少 308 万票。民进党蔡英文得到 689 万余票，刚好同上次马英九得票数差不多，比 2012 年增加了 80 余万票。亲民党宋楚瑜由 2012 年 36 万票，增为 157 票，增长 121 万票。2012 年"大选"选民投票率 74.4%；2016 年选民投票率 66.3%。2016 年比 2012 年增加了首投族 129 万票。

从以上数据分析，首先要问国民党得票为什么会骤降这样多？因为李登辉离开国民党时留下很多"蓝皮绿骨"的埋伏，从事分化破坏，这些年来，国民党思想模糊、组织涣散，很多组织包含媒体，受民进党诱骗撤销变卖，无方向感，无竞争力，对绿营百般宽容迁就讨好（如"课纲"、"国统纲领"、诸多违法活动处理），对同志无情伤害打压（如郭冠英案、洪仲秋案）致泛蓝选民灰心反感，投民进党不甘心，乃以不投票、投废票以示报复。

国民党这次得票减少 308 万多票，为什么民进党候选人只增加了 80 余万票，从投票率降低，和宋楚瑜得票数增加 121 万票观察，证明泛蓝选民并没有票投民进党。

既然泛蓝选民没有票投民进党，那民进党候选人蔡英文得票数增加 80 万票从哪里来的？从 2012 到今年，台湾选民年龄到达选民标准的首投族为 129 万；这

129 万人中很多都是近 20 年来，在李扁"教改""台独课纲"洗脑之下成长的，也是蔡英文所谓的"天然独"，这些都是蔡英文的铁票。

如何拯救日益沉沦的台湾，有人寄望蔡政权败坏贪腐，自取灭亡。这种"靠天吃饭"的想法，我以为太消极、无作为，应该对症下药，从根救起。症在那里？前面的分析可以找到一些线索：

——泛蓝选民虽一时士气低迷、精神涣散，本质并没有改变。如何重新组织、重振士气，唤回民族精神，是为当务之急。

——重组泛蓝选民，必须从重整国民党着手，我前面说过：国民党因李登辉担任主席期间，蓄意安排不少人士，以"蓝皮绿骨"掩护，从事离间破坏工作。以后历任主席并未从事或完成彻底清理工作。甚盼与中国国民党理念相同之诸多政党、民间组织、社会人士，从旁协助国民党恢复正统！

——两岸交流中，特别是寒暑假期，应多安排一些对青年学生具有吸引力之活动，诸如参观历史文物、举办学术演讲及座谈，增进青年朋友对中华文化的认识、血浓于水的历史体认，唤醒青年朋友的良知。

——支持协助国民党文宣社运工作：国民党文宣、社运（包含青运、妇运、各社团、各行业）功能，近些年来彻底消失，如何协助恢复，是为当务之急！

99 高龄老人不得不再说几句话

（2017 年 9 月 9 日发表在许历农脸书）

前几天发布的一篇《我为什么以前"反共"现在"促统"》一文，原本只是向我 FB 朋友发抒情怀，不料竟被媒体传播到社会，引发一场风波，非常遗憾！

感谢支持我的朋友，你的鼓励、指教，我会铭记在心，有生之年奉行不渝！同样感谢反对我的朋友，你的指教乃至谩骂，也让我这把年纪，还能体会到人性的另一面。

为什么会发生这个矛盾，我冷静地思维、检讨，认为可能是以下两个原因：

我年将百岁，自知来日无多，没有任何心理负担，不求官、不求职、不求名、不求利，单纯的以天理良心，求全国同胞能有富裕、安全的生活！

我非常同情反对我的朋友们，你们有官位，有事业，求政治光环及好的生活待遇，今天你不这么说，说得不够大声，说得不够尖锐，说得不够让人惊心动魄，明天你的政治前途就会受到影响，甚至不再有说话的平台！

我当然知道，你们还会找到很多理由继续指责我、谩骂我，年纪大了，没有精神和各位长期纠缠，"是非终日有，不听自然无"，我都当是没有就好了！

20多年前，我曾和一群朋友说：（相信还有朋友会记得）"我们跟着道理走，要谦卑地走向道理，站在道理一边思维、说话、行动。"（不是强词夺理地要道理站到我们一边）我再说一遍，我誓以余年为捍卫道理而奋斗到底！

"一国两制"是和平统一最佳方案

（2019年01月07日《中国时报》时论广场）

俗谚："家有一老，好似一宝。"因为老年人经过岁月的熏陶，见多识广，经验丰富，对世事的观察、分析、判断、决定，都比较准确适当。依我们传统的演算法，我目前已101岁，希望在此年初说些宝贵的老话。

我早年曾参加对日抗战、国共内战，尔后也曾多次参加台海之战：登步岛战役，我在前线；金门炮战，我在大金门落弹最多的鹊山。退出战斗行列后，更曾担任两岸某些政策之制订、推行、实践！长期炮火的洗礼，工作的磨砺，对两岸关系应该有一定程度的体悟。

1月2日，习近平主席在《告台湾同胞书》40周年纪念大会上，提出"和平统一、一国两制"讲话，我觉得这对当前两岸关系和未来民族发展都有重大深远的影响，我愿意在这个关键时刻，提出一点个人的感想：

"一国两制"是大陆和平统一的一贯主张，改革开放以来老生常谈式的多次提出，似乎都没有发生什么重大影响，不过此次习主席的讲话，显然与以往不同。

习主席的"一国两制"讲话，不同于叶剑英、邓小平所提出的"一国两制"，邓小平所提出的"一国两制"指出统一的方向，是一个希望两岸都能接受的政治号召！

当今，习主席的"一国两制"讲话，有目标、有方法、有步骤，将由两岸人民代表共同研议、共同协商，共同缔造两岸都能接受，合乎两岸实况的"一国两制"可行的方案。

早年曾在一个场合，同一位经常来往的朋友讨论"一国两制"，他表示不能接受，我说现在两岸的实际状况就是两制，你能不能同意？他沉默不语，表示默认。我接着说，问题显然不在"两制"，而在"一国"。如果这"一国"，是两岸同胞能共同接受"一国"，你能否接受？他不再讲话，但在态度上，我看得出他仍坚持不能接受"一国两制"。从此，我更了解很多人反对"一国两制"，只是为反对而反对，不去考虑理由、未来、后果！

其实，统一是两岸都一贯坚持的目标，只是为因应当时两岸关系，政治因素，采取不同手段。当年大陆要"武力解放"，后要"和平解放"台湾；我们要"反攻大陆""光复大陆""三民主义统一中国"，虽手段不同、方法各异，目标都是国家统一，可见统一是两岸为生存发展、民族复兴共同的需要！是中华民族复兴的关键因素，中华民族要重新崛起必先两岸统一！

美国和日本最喜欢看到台湾反对两岸统一，因为他们最忌惮中华民族再次崛起，如果一旦中华崛起，他们就没有在全球、在亚洲称雄、称霸，耀武扬威的机会了。站在美、日的立场，为他们自己国家着想，也许并没有错。可是同胞们：我们是炎黄子孙，我们是中国人啦！能为美、日的马前卒，能为美、日的棋子吗？

我以台湾的立场看，我认为两岸统一后，在军事上可以相互支援，互为犄角，台湾每年可以节省庞大的军费预算，用以充实经济、改善民生与社会福利；在经济上更可以彼此互补，大陆可以借重台湾某些技术和管理制度，台湾更可以借大陆广大的市场与国际关系拓展经贸，真的是互利双赢的两岸之福！

西方兵学家约米尼（baron Jomini）曾说：太阳底下没有尽善尽美的事。"一国两制"想必也有缺点，不过两害相权取其轻、两利相权取其重，就两岸人民生活福祉着想，应该是利多弊少的最佳方案！

愿天佑台湾！天佑中华！

除夕忆往谈"一中"

（2019 年 2 月 4 日《中国时报》时论广场）

古月照今尘，千年孤臣泪。除夕，我过了一百次了，但看到现在很多人却忘了自己是一个中国人，我很痛心。

早年，年龄已 50 岁上下的朋友，应该都还记得，当时行政文书，民间话语一般都自称中国，非常自然，大家都是中国人，很少有本省、外省，台湾、大陆的区分，直到台湾省举办选举，某些政客蓄意制造分裂，乃逐渐产生省籍歧视、地域隔阂，从此造成了心理的矛盾，失去了社会的和谐，弄到"两岸一家亲"这么浅显的一句话，都被污名化。

1997 年，我就惊见有媒体称大陆为"中国"，我们自称台湾，我直觉地认为这是"台独"的阴谋，而当时在台湾，"台独"的支持率尚只有个位数，很少人承认是"台独"，连当时的李登辉亦矢口否认他是"台独"，翌年召开"国统会"全体委员会，李登辉以"主委"身份主持会议，笔者曾即席提出：有媒体鼓吹称大陆为

"中国"，我们自称台湾，这显然不对，是"台独"的第一步，当局应明令制止，以免误导。李未作任何回应。下一次会议时我再提出，李照旧不予回应，孤掌难鸣，无奈地不了了之。到 1999 年 7 月 9 日李登辉接受德国之声访问即提出"两国论"，可见当初媒体只是风向球、试探器，以后就不知不觉地造成了今天的局面。

积非成是，刻意忘中之下，我们的下一代都不知道为何而战。一位外事人员说："我任公职 30 年。前 15 年是生怕人家不说我们是中国，后 15 年又生怕人家说我们是。爱国叛国完全颠倒，这我要怎么做事？"

我们都是炎黄子孙，无论先来后到，都来自神州大陆、血统、语言、文字、风俗、习惯、宗教，当然是中华儿女，只要把家里的神主牌拿出来看，也都是写着是中国人。说不是中国人，那是哪国人？

当年我们从国共内战撤退到台湾，整军经武、枕戈待旦，准备"反攻"，没有说我们不是中国人；所谓"中国人"由不得你承认或否认，中国人就是中国人！

其实两岸问题很单纯、很简单，为什么每天这里的人要生活着如此紧张，随时担心要发生什么事情？这是完全没有意义的事情。我们只要认识到，做中国人根本不丢脸，还要以身为中国人为光荣，大家的日子就可以过得快快乐乐。

中国起源于春秋战国，朝代更迭，虽有各自不同的称号（如唐、宋、元、明、清）但对中国国号的传承，从未改变。历史上我国从来就是居领导地位的中央大国，中世纪，西方国家就羡慕、学习我国的新发明，包含指南针、印刷术。直到 1820 年（清嘉庆年间）中国国内生产总值（GDP）仍占全世界的 37％，现代称霸全球的美国最高时候（1950 年）也只到 27％，目前仅 24％。

非常遗憾的是，自鸦片战争失败，1842 年清廷与英国签订丧权辱国的《南京条约》以后，世界列强包含德、法、俄、英、美、义、日乃至奥匈帝国、葡萄牙，相继进逼，到 1915 年被迫签订 15 项不平等条约，使我国沦为半殖民地半封建社会。虽在抗战胜利后，废除不平等条约，并取得"世界五强"之一的地位，但因国家贫穷、落后，并未受到国际重视。

直到今天中国崛起，最近更完成全球第一次月球背面登月之壮举，中国人不要再被外国人看不起了。只有两岸好，台湾才会更好。历史是面镜子，它公正地指出了我们光荣的传统，也提醒了我们受辱、蒙羞的年代。是时候了！我郑重呼吁我海内外中华儿女，尽释前嫌，团结起来，再次奋发，不为复仇，但一定要雪耻，我们继续深化两岸间的感情，必能重光我大中华！

除夕，一个老人，馨香祝祷。

附录二

-

许历农大事年表

1919 年
3 月 4 日　（农历）出生，安徽贵池人。

1939 年夏　省立第四临中高中毕业，考入陆军官校第
　　　　　　16 期工科。

1940 年　　陆军官校毕业，加入部队，历任第 25 军参
　　　　　　谋、青年远征军第 208 师一旅二团二营上
　　　　　　尉副营长、221 师工兵营少校副营长。第
　　　　　　87 军 28 师作战处中校组长。

1948 年　　2 月参加华北会议，12 月参加唐山及"塘
　　　　　　（沽）大（沽）会战"。

1949 年　　10 月调升第 221 师工兵营营长，11 月于登
　　　　　　步作战中率领一个连占领鸡冠礁要点。

1952 年　　陆军参谋大学正一期。

1958 年　　任陆军第 10 师第 28 团上校团长，在金门
　　　　　　炮战中，冒着炮火，完成蚵壳墩八英寸大
　　　　　　炮阵地工程。

1959 年　　3 月入实践学社联战班八期学习，毕业后任
　　　　　　师参谋长、副师长。

1961 年　　任马祖守备区指挥部参谋长。

1962 年　　任陆军第 27 师副师长。

1963 年	入"三军联合参谋大学"正规班第 12 期深造，毕业后调任陆军第二军团参三处处长。
1966 年	1 月晋升陆军少将。
1968 年	2 月陆军步兵第 84 师师长。
1970 年	4 月任陆军第二军司令部副军长。
1972 年	任陆军军官学校教育长，后任第 20 军军长。
1973 年	4 月任陆军第 8 军军长。
1974 年	1 月进入"三军大学"战争学院将官班 1974 年春班，晋升陆军中将。
1975 年	6 月任政治作战学校校长。
1977 年	任陆军军官学校第 12 任校长。
1979 年	12 月调任第六军团司令。
1981 年 10 月 10 日	在汉武演习担任阅兵指挥官。
11 月 9 日	晋升陆军二级上将，调任金门防卫部司令官。
1983 年	5 月任"国防部总政治作战部主任"。
1987 年 9 月 14 日	蒋经国约见，讨论开放赴大陆探视事宜。

11 月 18 日　出任"行政院国军退除役官兵辅导委员会"（下称"退辅会"）"主任委员"。

1988 年　　1 月出任中国国民党中央常务委员（至 1993 年 11 月 24 日）。

1989 年　　成立"协助荣民返乡探亲补助旅费筹措会"，并亲自向人募款、举办募款晚会。

1990 年
2 月　　　国民党召开临时中央委员会，支持林洋港、蒋纬国竞选，但功亏一篑。

5 月 8 日　"退辅会"用募款余额在香港成立"欣安服务中心"，协助老兵转机赴大陆探亲。

1992 年　　4 月 29 日与非主流派商讨领导人选制。

1993 年
2 月 26 日　卸下"退辅会主委"一职。

3 月 1 日　出任"总统府国策顾问"（至 1996 年 5 月 19 日）。

9 月 1 日　在《新连线通讯》发表《我看新党》。

11 月 5 日　在美国洛杉矶讲《台湾政局的危机与转机》。

11 月 12 日　出席在台北青年公园的新党誓师大会。

11 月 24 日　召开记者会，发表《大是大非》，宣布退出国民党、加入新党。

11 月 25 日   出席桃园大溪"新党问政说明会",为新党候选人站台。

11 月 26 日   出席新党在耕莘文教院举办的"许历农的心路历程座谈会"。

1994 年
5 月 8 日   新同盟会正式成立,当选会长,发表《新同盟会成立宣言》。

5 月 22 日   在新同盟会首次举办的"国是讲座",评"李登辉执政七年的功与过"。

1995 年
2 月 10 日   在新同盟会春节团拜与"国是"座谈上评论"江八点"。

4 月 5 日   在中正纪念堂举行"蒋公逝世 20 周年纪念会"。

4 月 17 日   主持"马关条约 100 周年纪念大会"。

5 月 7 日   主持在北一女大礼堂举办的"新同盟会周年庆祝大会",有逾万人与会。

6 月 18 日   军警院校校友联谊会成立,当选会长。

7 月 16 日   主持新同盟会举办的"七七抗日圣战音乐晚会"。

8 月 13 日   率统派团体在台北发动"我是中国人"大游行。

8 月 22 日	新同盟会发表"为台湾 2100 万人民请命——吁促李登辉放弃竞选"声明。
8 月 23 日	主持新同盟会召开的记者会,要求李登辉放弃竞选。
10 月 30 日	主持新同盟会在中山纪念馆举办的"纪念蒋公诞辰及'荣民节'大会"。

1996 年

3 月 19 日	出席桃园巨蛋林郝造势活动。
3 月 21 日	出席在凤山中山纪念馆举办的林郝及新党"国代"候选人造势晚会。
3 月 22 日	出席林郝总部及新党举办的"送阿港伯进'总统府'"造势晚会,并上台致辞。
3 月 23 日	以新党不分区第一名当选第三届"国民大会代表";李登辉当选首届台湾地区领导人。
3 月 30 日	主持新同盟会于三军军官俱乐部举办的"大选后政治展望"座谈会。
5 月 20 日	就任第三届"国民大会代表",当选新党"国大"党团总召集人。
7 月 17 日	在第三届 334 席"国大代表"中,第一个上台发表"国是建言"。
8 月	以新党代表身份应聘为"国统会副主委"。

9 月 22 日	担任保钓大联盟发动的"保钓大游行"总指挥，发表《我们的声明》。
10 月 21 日	在"国统会"第 11 次全体委员会议发言。

1997 年

6 月 30 日	应邀出席香港七一回归庆典。"国大"第四次"修宪"二读会，新党多名"国代"遭国、民两党"国代"攻击受伤。
7 月 7 日	在新同盟会"纪念七七讲演会"上致辞。
7 月 18 日	"国大"通过包括"冻省"及"双首制"的第四次"修宪"。
7 月 21 日	在第三届"国大"第二次会议发表"国是建言"。
8 月 4 日	在《联合报》发表《又见征询"阁揆"人选》。
8 月 9 日	在《联合报》发表《"信介仙"，加油！》。
11 月 11 日	率新同盟会一行 10 人赴北京、上海访问。
11 月 12 日	在中南海会晤江泽民主席与副总理钱其琛。
11 月 14 日	在上海会晤海协会会长汪道涵。
11 月 20 日	自大陆返台，召开记者会说明参访情形。
12 月 6 日	在"国统会"第 12 次全体委员会议上发言。

1998 年

1 月 11 日   新同盟会在中山堂举行"纪念蒋经国先生逝世十周年"演讲会。

5 月 27 日   在纽约演讲"两岸关系与台湾政情"。

7 月 22 日   在"国统会"第 13 次全体委员会议上发言。

7 月 27 日   在第三届"国大"第三次会议发"国是建言"。

1999 年

4 月 8 日   在"国统会"第 14 次全体委员会议上发言。

4 月 19 日   在海峡两岸和平统一促进会周年庆上致辞。

5 月 23 日   出席纽约新党之友会举办的"国是论坛"，分析 2000 年选情。

6 月 22 日   在第三届"国大"第四次会议发表"国是建言"。

7 月 10 日   出席香港"1999 中国和平统一研讨会"，发表《中国和平统一的前途》。

9 月 17 日   在新同盟会"剖析李登辉的两国论"讲演会上痛斥李登辉。

12 月 19 日   应邀参加澳门回归庆典。

2000 年

2 月 25 日   新同盟会在各大报刊登广告，呼吁会员选举票投宋楚瑜。

5 月 13 日　　新同盟会与海峡两岸统一促进会、中国统一联盟举办"一个中国、两岸和平"座谈会，呼吁台湾当局接受一个中国原则。

8 月 27 日　　参加在柏林举办的"全球华侨华人推动中国和平统一大会"，发表《肯定一个中国两岸才能和解》。

2001 年

6 月 30 日　　率领台湾退将参访团赴大陆访问，参观卢沟桥中国人民抗日战争纪念馆。

7 月 10 日　　率领新党大陆事务委员会代表团一行 9 人抵达北京访问。

7 月 11 日　　新党代表团与中台办对话，并达成六项共识。12 日与国务院副总理钱其琛会谈。

7 月 17 日　　在"新世纪东京大会"发表《认清楚李扁的台独真面目》演讲。

7 月 29 日　　率 37 名退将组成的参访团赴北京访问。

10 月 9 日　　在"辛亥革命 90 周年纪念"活动上致辞。

11 月　　　　被新党提名不分区"立委"第一名，唯 12 月 1 日"立委"选举新党得票率未过 5%。

2002 年

4 月 6 日　　主持民主团结联盟发起人会议，并在会上致辞。

5 月 15 日　　民主团结联盟筹备会在报纸刊登"陈水扁的台湾正名就是追求台独"广告。

6 月 30 日　　应邀参加香港回归五周年庆典。

7 月 7 日　　民主团结联盟举行成立大会，被推选为主席，并发表成立宣言。

8 月 5 日　　民主团结联盟发布新闻稿，谴责陈水扁"一边一国"不当言论，促"立、监两院"弹劾或罢免陈水扁。

9 月 1 日　　民主团结联盟刊登报纸广告，呼吁国亲两党在高雄市长选举必须团结合作。

12 月 10 日　民主团结联盟发函国、亲两党主席连战与宋楚瑜，呼吁二人应搭配参选 2004 年"大选"。

12 月 12 日　率民主团结联盟同仁拜会国民党主席连战，连战承诺国亲两党只会提一组候选人。

2003 年

5 月 14 日　　在《联合报》发表《中国还有什么？台湾又有什么？》

6 月 8 日　　在美国纽约"连宋后援会"讲《团结才有力》。

9 月 10 日　　出席莫斯科"全球反独促统大会"，讲《两岸关系现况与和平统一愿景》。

2004 年

1 月 13 日　　在《联合报》发表《亲爱的，问题在两岸》。

5 月 8 日　　新同盟会创立 10 周年，发表《永为和平统一而奋斗》声明。

9 月 18 日　　应邀在北京"战争遗留问题暨中日关系展望国际学术研讨会"上致辞。

9 月 23 日　　与王文燮、黄幸强等退将连署《反 6108 军购声明书》，直言军购案不可能带给台湾安全。

12 月 4 日　　出席中国统一联盟召开的"民主已死，抗议陈水扁诬陷栽赃记者会暨演讲会"，指陈水扁"柔性政变说"是胡言乱语。

2005 年

1 月 1 日　　为敦促国亲两党合作，民主团结联盟二度致函国亲两党主席。

1 月 5 日　　在《联合报》发表《为什么"要国亲败诉就算了"？》

2 月 6 日　　与郝柏村、林洋港等 18 人重回国民党，并获聘担任国民党中评会主席团主席。

3 月 20 日 　新同盟会与中国统一联盟、中华教授协会、民主团结联盟、和平统一促进会召开记者会，揭露陈水扁挑衅《反分裂国家法》之目的。

3 月 24 日 　统派团体在报纸刊登"我们对三二六游行的共同呼吁"广告。

5 月 7 日 　在美国华府讲《期盼两岸互动双赢的春天》。

5 月 27 日 　在美国纽约讲《从连宋访问大陆谈两岸关系前景》。

9 月 2 日 　赴北京参加"中国人民抗日战争暨世界反法西斯战争胜利 60 周年纪念活动"，与国台办主任陈云林在钓鱼台国宾馆晤谈。

9 月 3 日 　率抗战退役将士与全国政协主席贾庆林在人民大会堂会面。在"中国人民抗日战争与反法西斯侵略战争胜利 60 周年纪念活动"上致辞。

9 月 6 日 　赴福州出席"纪念同盟会成立 100 周年研讨会"。

9 月 9 日 　赴南京出席"九·九两岸同歌"纪念活动。

10 月 23 日 　主持 10 个团体合办的"抗战胜利暨台湾光复 60 周年晚会"。次日发表《庆祝抗战胜利暨台湾光复 60 周年宣言》。

12 月 30 日　赴上海出席汪道涵会长追悼会。

2006 年

2 月 27 日　统派团体在报纸刊登"坚决反对废除国统会与国统纲领"广告。

4 月 23 日　在北京联合大学台湾研究院周年庆"台研论坛"上致辞。

7 月 29 日　在武汉"海峡两岸炎帝神农文化论坛"开幕式上致辞。

10 月 9 日　出席武汉"辛亥革命 95 周年纪念活动";发表谈话。

11 月 12 日　出席"孙中山先生诞辰 140 周年纪念活动";前往北京西郊香山碧云寺孙中山纪念堂献花;与国台办主任陈云林晤谈。

11 月 14 日　赴南京中山陵,代表台湾各界人士向孙中山先生献花。

2007 年

1 月 6 日　出席厦门"黄埔军校同学亲属联谊活动"。

4 月 3 日　为抗议陈水扁"去蒋化""去中国化",率领谒陵团前往慈湖向两位蒋先生致敬。

6 月 30 日　出席香港回归 10 周年庆典暨第三届香港行政长官就任典礼。

7 月 2 日	主持"纪念七七抗战 70 周年系列活动记者会"。4 日主持"七七抗战 70 周年大型音乐晚会"。7 日主持"抗日战争、南京大屠杀、台湾光复图片展"揭幕典礼。
8 月	《许历农文稿集——虽千万人吾往矣》在台湾出版。

2008 年

1 月 8 日	出席"蒋经国先生的旅程"口述历史座谈会,追思蒋经国。
2 月 26 日	统派团体在报纸上刊登"拒领公投票 票投马英九"广告。
9 月 7 日	在中国评论社主持"探讨两岸和平统一的形势发展"研讨会。
2009 年 4 月	《许历农文稿集——虽千万人吾往矣》由北京的华艺出版社出版。
10 月 20 日	在北京"许历农会长《文稿集》稿费捐赠助学仪式"上,当场捐出版税 5 万元人民币给安徽老家。
10 月 21 日	向民革中央赠送手稿,由全国人大常委会副委员长、民革中央主席周铁农接受。

2010 年

3 月 3 日　　新同盟会及民主团结联盟联名发函给马英九，建请恢复"国统会"与"国统纲领"之运作与施行。

4 月　　　　率领退将前往国防大学交流；与政协主席贾庆林见面。

5 月 10 日　在台北朝代饭店召开"第一届中山黄埔两岸情论坛"。

7 月　　　　在联合报发表《敬向名嘴说几句真心话》。

2011 年

3 月 18 日　代表新同盟会与中国统一联盟主席纪欣、和统会会长郭俊次，欢迎周铁农率领的"中华中山文化交流协会访问团"。

6 月 7 日　　在北京召开"第二届中山黄埔两岸情座谈会"。

8 月 17 日　发表《本来无一物何处惹尘埃——中山黄埔两岸情"风波"有感》。

9 月 15 日　新同盟会与民主团结联盟联名致"总统府"陈情书，建议筹拍中山先生纪录片。

11 月　　　文章获《人民日报》海外版举办的"辛亥百年与两岸关系"征文评选一等奖。

12 月　　　发函致新同盟会会员，呼吁会员支持马英九连任。

2012 年

2 月 24 日　面见马英九，提出建言。

3 月 9 日　召集十多个政团，组成人民政治团体联合会议（下称联合会议），会中通过宣言，呼吁马英九恢复"国统纲领"。

7 月 4 日　主持联合会议，通过决议文，要求马英九表态支持"两岸同属一国"。

7 月 7 日　率 37 位退将赴上海参加"第三届中山黄埔两岸情论坛"。

9 月 18 日　主持联合会议，发表声明，呼吁两岸合作保卫钓鱼岛，勿让兄弟阋墙历史重演。

12 月 24 日　主持联合会议，发表声明。

2013 年

4 月 29 日　主持联合会议，讨论"新领导新局下的新思维"。

5 月 10 日　率"和平之旅参访团"访问北京，两岸退役将领探讨两岸军事互信机制。

10 月 25 日　出席在武汉召开的"第四届中山黄埔两岸情论坛"。

12 月 19 日　主持联合会议，发表宣言《敬告执政党：左右不可逢源要有中心思想》。

2014 年

2 月 16 日　马英九及吴敦义出席新同盟会的春节团拜。

4月21日	主持联合会议，讨论"太阳花学运"，决议发动"新五四运动"。
5月10日	新同盟会成立20周年庆祝大会，在致辞中表示，新同盟任务已从"护宪救国"转为"反独促统"。
9月6日	出席在香港召开的"第五届中山黄埔两岸情论坛"，获颁"两岸关系杰出贡献奖"。
9月24日	率"台湾和平统一团体联合参访团"50名代表赴北京，出席国台办主任张志军欢迎晚宴。
9月26日	在人民大会堂与习近平总书记会面，并发表谈话；下午见全国政协主席俞正声。

2015年

5月8日	联合会议讨论对"一带一路"政策，决议扩大纪念抗战胜利70周年。
5月18日	出席在天津召开的"第六届中山黄埔两岸情论坛"，并在开幕式上致辞。
7月11日	新同盟会第七届代表大会，许历农坚持辞去会长一职，转任名誉会长。
8月30日	出席新同盟会"抗战胜利70年庆祝大会"。
10月25日	出席新同盟会"庆祝台湾光复70周年大会"，并发表谈话。

10 月 26 日	出席"退辅会"在台北举办的"不朽的战魂——纪念抗战胜利暨台湾光复 70 周年专辑"新书发表会。
11 月 13 日	率团访问民革中央,民革中央常务副主席齐续春会见。

2016 年

11 月 9 日	率 7 位退役上将与国台办主任张志军会谈。10 日出席在北京召开的"第七届中山黄埔两岸情论坛"。11 日应邀出席中共中央在人民大会堂举办的"孙中山先生 150 年诞辰纪念大会"。

2017 年

5 月 18 日	联合会议发表声明谴责蔡英文当局。
8 月 21 日	出席新党 24 周年党庆大会,并上台致辞。
8 月 29 日	前往八百壮士帐篷,嘉奖鼓励坚守"立法院"的退役军人袍泽。
9 月 2 日	将《我为什么以前反共,现在促统》旧文放在脸书上,引发社会热议。
9 月 9 日	在脸书上发表《99 高龄老人不得不再说几句话》。

2018 年

3 月 28 日	新党"国大代表"邀请钱复为许历农祝寿。
4 月 19 日	与新党"国代"出席钱复邀约的百岁寿宴。

5 月 27 日	出席联合会议，并以荣誉主席名义致辞。
6 月 30 日	出席八百壮士捍卫中华协会成立大会。
8 月 20 日	《许历农的大是大非》初版在台湾出版问世。
9 月 16 日	在北京出席第"八届中山黄埔两岸情论坛"；接受国台办主任刘结一宴请。
11 月中	接受凤凰卫视访问。
2019 年	
1 月 7 日	在《中国时报》发表《"一国两制"是和平统一最佳方案》
1 月中	凤凰卫视播出《百岁国民党老将：许历农的大是大非》专辑。
2 月 4 日	在《中国时报》发表《除夕忆往谈"一中"》